INHALT / INHOUD

2	Editorial	Voorwoord
4	Maarten Inghels: Ein Baum ein Boot ein Mensch	Maarten Inghels: Een boom een boot een mens
8	In fremden Sprachen schreiben. Interview mit Catharina Blaauwendraad und Annelie David	In vreemde talen schrijven. Interview met Catharina Blaauwendraad en Annelie David
14	Kila van der Starre: Mehrsprachigkeit in Gedichten im öffentlichen Raum	Kila van der Starre: Meertaligheid in straatpoëzie

Dossier – Antworten auf Paul van Ostaijen / Dossier – in gesprek met Paul van Ostaijen

20	Julia Trompeter: Zum performativen Potenzial visueller Lyrik	Julia Trompeter: Over het performatieve potentieel van visuele lyriek
25	Erik Spinoy: Bote der Wahrheit	Erik Spinoy: Koerier van de waarheid
26	Paul van Ostaijen: Haus Stadt Ich	Paul van Ostaijen: Huis Stad Ik
28	Maud Vanhauwaert: Allehändenixzutun	Maud Vanhauwaert: Nietsomhanden
32	Maud Vanhauwaert empfiehlt: Hugo Brandt Corstius (Battus)	Maud Vanhauwaert tipt: Hugo Brandt Corstius (Battus)

Gedichte, Übersetzungen, Kooperationen / Gedichten, Vertalingen, Samenwerkingen

36	Maud Vanhauwaert über José F. A. Oliver: Hermetisch und doch weit offen	Maud Vanhauwaert over José F. A. Oliver: Hermetisch en toch heel open
40	José F. A. Oliver: Gedichte	José F. A. Oliver: Gedichten
48	José F. A. Oliver über Maud Vanhauwaert: Übersetzer*innenspuren	José F. A. Oliver over Maud Vanhauwaert: Vertalerssporen
50	Maud Vanhauwaert: Gedichte	Maud Vanhauwaert: Gedichten
60	»Ich könnte sagen...« – Kooperationsprojekt	'Ik zou kunnen zeggen...' – Samenwerking
64	Özlem Özgül Dündar über Dean Bowen: Unter dem Archiv	Özlem Özgül Dündar over Dean Bowen: Onder het archief
65	Dean Bowen: Gedichte	Dean Bowen: Gedichten
78	Özlem Özgül Dündar: Sprache macht	Özlem Özgül Dündar: Vertaal, baar
81	Annelie David über Özlem Özgül Dündar: Vom Waschen der Toten...	Annelie David over Özlem Özgül Dündar: Van het wassen van de doden...
86	Özlem Özgül Dündar: Gedichte	Özlem Özgül Dündar: Gedichten
98	Annelie David: gedanken zerren	Annelie David: gedachten trekken
101	Samuel J. Kramer, Moya De Feyter: Poetry for Future im Dialog mit den Klimaatdichters	Samuel J. Kramer, Moya De Feyter: Poetry for Future in dialoog met de Klimaatdichters
108	José F. A. Oliver empfiehlt: Lütfiye Güzel	José F. A. Oliver tipt: Lütfiye Güzel
110	Alexandru Bulucz: Existenzielle Not	Alexandru Bulucz: Existentiële nood
115	Özlem Özgül Dündar empfiehlt: Sibylla Vričić Hausmann	Özlem Özgül Dündar tipt: Sibylla Vričić Hausmann
116	Stefan Hertmans: Paul Celan, eine Hommage	Stefan Hertmans: Paul Celan: een eerbetoon
120	Dean Bowen empfiehlt: Yentl van Stokkum und Maxime Garcia Diaz	Dean Bowen tipt: Yentl van Stokkum en Maxime Garcia Diaz
124	Poetischer Grenzverkehr	Poëtisch grensverkeer
125	Kurzbiographien	Korte biografieën
130	Die Stiftungen	Stichtingen en fondsen

EDITORIAL / VOORWOORD

Schönes Babylon

»Was wäre, wenn wir die Erzählung vom Turmbau zu Babel umkehren würden? Wenn wir Mehrsprachigkeit nicht als Strafe sähen, sondern als Antrieb«?, fragte Maud Vanhauwaert, die ehemalige Antwerpener Stadtdichterin, im vorigen Heft des *Trimaran*. Diesen Gedanken einer verbindenden Mehrsprachigkeit greifen wir auf und machen ihn zum Motto und Programm der vorliegenden Ausgabe des Magazins.

Für den Übersetzungsworkshop, dem Herzstück des *Trimaran*-Projekts, haben wir Maud Vanhauwaert und José F. A. Oliver zu einem Übersetzer*innenduo zusammengeführt. In dieser Begegnung treffen die auf Niederländisch schreibende Dichterin aus Flandern und der im Schwarzwald beheimatete Dichter mit andalusischen Wurzeln so engagiert aufeinander, dass es poetische Funken schlägt und neben den gegenseitigen Übersetzungen auch ein gemeinsames zweisprachiges Gedicht entsteht. In der zweiten Übersetzer*innengruppe haben wir die Lyrikerin und Theaterautorin Özlem Özgül Dündar, die auch aus dem Türkischen übersetzt, den polyglotten niederländischen Dichter Dean Bowen und die aus Köln stammende und auf Niederländisch schreibende Dichterin Annelie David zusammengebracht. Ihre Übersetzungen werden von facettenreichen Essays zu den wechselseitigen Annäherungen, Transformationen und poetischen Dialogen im Übersetzungsprozess begleitet.

Das Thema Mehrsprachigkeit zieht sich als roter, oder besser: bunter Faden auch durch den Magazinteil dieses *Trimaran*: »In fremden Sprachen schreiben« – In einem sehr persönlichen Gespräch tauschen sich Annelie David und Catharina Blaauwendraad darüber aus, wie es ist, nicht in der eigenen Muttersprache zu dichten. Kila van der Starre untersucht unter anderem die demokratisierende Funktion von mehrsprachiger Dichtung im Straßenbild und Julia Trompeter veranschaulicht, wie man im deutschsprachigen Raum ein visuelles Gedicht des flämischen Modernisten Paul van Ostaijen akustisch aufführen kann; daraus entwickelt sich ein kleines Dossier mit Antworten auf Paul van Ostaijen.

Der *Trimaran* möchte Einblicke in die Lyriklandschaften der Niederlande, Flanderns und Deutschlands ermöglichen, sie nachhaltig miteinander vernetzen und die gegenseitige Wahrnehmung schärfen. Etwa wenn Stefan Hertmans mit einer Hommage und eigenen Gedichten auf Paul Celan reagiert, oder indem die Initiativen *Poetry for Future* und *Klimaatdichters* miteinander darüber diskutieren, ob und wie »Gedichte als emotionale und kognitive Katalysatoren« im Kampf gegen den Klimawandel wirken können. Alexandru Bulucz fächert dann im Detail auf, wie ästhetisch rigoros die deutschsprachige Poesie auf »den Zustand der Welt« reagiert.

Gemeinsam mit der Kunststiftung NRW, Flanders Literature und der Niederländischen Stiftung für Literatur freuen wir uns, den Leserinnen und Lesern das dritte Heft des *Trimaran* präsentieren zu können, ein »Schönes Babylon«. Wir wünschen eine anregende Lektüre.

Die Redaktion

Prachtig Babylon

'Wat als we dat originele verhaal van de Toren van Babel omkeren? Als we de meertaligheid niet als een straf zien, maar als de motor?' vroeg Maud Vanhauwaert, voormalig stadsdichteres van Antwerpen, in het vorige nummer van *Trimaran*. Wij nemen deze gedachte van een verbindende meertaligheid weer op en smeden haar om tot het motto en programma van deze uitgave van ons tijdschrift.

Voor het vertaalatelier, de kwintessens van het *Trimaran*-project, hebben wij Maud Vanhauwaert en José F. A. Oliver als vertalersduo bij elkaar gebracht. De in het Nederlands schrijvende dichteres uit Vlaanderen en de in het Zwarte Woud woonachtige dichter met Andalusische wortels zijn zo bij hun ontmoeting betrokken dat de poëtische vonken ervan afvliegen en zij naast hun wederzijdse vertalingen gezamenlijk een tweetalig gedicht maken. In de tweede groep hebben wij samengebracht: de dichteres en toneelschrijfster Özlem Özgül Dündar, die ook uit het Turks vertaalt, de polyglotte Nederlandse dichter Dean Bowen en de uit Keulen afkomstige, in het Nederlandse schrijvende dichteres Annelie David. Hun vertalingen gaan vergezeld van veelzijdige essays over de onderlinge benaderingen, transformaties en poëtische dialogen in het vertaalproces.

Het thema meertaligheid loopt ook als een rode, of beter gezegd als een kleurrijke draad door het magazinegedeelte van deze *Trimaran*: 'In vreemde talen schrijven' – Annelie David en Catharina Blaauwendraad wisselen in een zeer persoonlijk gesprek van gedachten over de vraag wat het inhoudt om niet in je eigen moedertaal te dichten. Kila van der Starre onderzoekt onder meer de democratiserende functie van meertalige straatpoëzie en Julia Trompeter maakt aanschouwelijk hoe een visueel gedicht van de Vlaamse modernist Paul van Ostaijen akoestisch in het Duitse taalgebied kan worden uitgevoerd; daaruit ontstaat een klein dossier met antwoorden op Paul van Ostaijen.

Trimaran wil graag inzicht geven in de poëzielandschappen van Nederland, Vlaanderen en Duitsland, deze duurzaam met elkaar verbinden en de onderlinge waarneming aanscherpen. Bijvoorbeeld wanneer Stefan Hertmans met een hommage en eigen gedichten op Paul Celan reageert, of wanneer de initiatieven *Poetry for Future* en *Klimaatdichters* met elkaar bespreken of en hoe 'gedichten als emotionele en cognitieve katalysatoren' in de strijd tegen klimaatverandering kunnen fungeren. Alexandru Bulucz zet vervolgens duidelijk en gedetailleerd uiteen hoe de Duitstalige poëzie op esthetisch rigoureuze wijze op 'de toestand van de wereld' reageert.

Samen met de Kunststiftung NRW, Literatuur Vlaanderen en het Nederlands Letterenfonds zijn wij verheugd het derde nummer van *Trimaran*, een 'Prachtig Babylon', aan de lezers te kunnen presenteren. Wij wensen u veel leesgenoegen.

De redactie   Vertaling: Jan Sietsma

Een boom
een boot
een mens

Maarten Inghels

De afgelopen jaren werkte ik per ongeluk aan een triptiek over de drie voornaamste Belgische rivieren: de Schelde, de IJzer en de Maas.

Het begon met een anekdote tijdens mijn Stadsdichterschap van Antwerpen. Iemand vertelde me dat de bron van de Schelde, de rivier die zo bepalend is in Vlaanderen en zo noodzakelijk is voor het voortbestaan van Antwerpen, in 2009 voor een symbolische euro was aangekocht door het havenbestuur. De stad bezit de blaas om het geld te laten stromen. De bron ligt in Gouy-Le-Catelet bij Cambrai in Noord-Frankrijk. Ik besloot de Schelde met een voettocht van bron tot monding te controleren op 'onregelmatigheden en oneffenheden' en schreef het lange gedicht 'Ik volg de rivier, ik ben de rivier'. Sindsdien zijn acties, installaties en dwaaltochten voor mij onuitputtelijke onderzoeksmethodes en vormen ze de kern van mijn laatste dichtbundel *Contact*.

Wellicht daardoor kreeg ik de vraag om een beeldend-literair werk te maken voor de IJzervallei in de

Ik volg de rivier, ik ben de rivier, voettocht langs de Schelde / Ic

Overkant // Aan de overkant van de rivier zie ik mijzelf staan / Uitnodigend zwaaiend / Bij het schaduwen samen te vallen / Ik
Das andere Ufer // Am anderen Ufer des Flusses sehe ich mich selbst / Wie ich mir einladend zuwinke / Beim Beschatten eins zu werden

Westhoek van Vlaanderen, daar waar zoveel soldaten zich honderd jaar geleden stuk liepen op prikkeldraad en uit elkaar werden gedreven door water. Met wat hulp bouwde ik een vlot van piepschuim in de vorm van het woord WATER. Met dit eenwoordgedicht vaarde ik de rivier af vanaf de Frans-Belgische grens tot aan de monding in Nieuwpoort-aan-Zee, een traject van vijfenveertig kilometer. Vooraan was een kleine schroefmotor bevestigd, met startkabels aangesloten op een vrachtwagenbatterij. Aan drie kilometer per uur snorde mijn acht meter lange boot geluidloos over het water. Ik stond achteraan op de ronding van de letter R en stuurde bij met een lange peddel, als was het een Venetiaanse gondel verloren in het Belgisch moeras van huizen. En nu, de Maas!

Een boom een boot een mens, het eenwoordgedicht WATER o

Een boom een boot een mens | Ein Baum ein Boot ein Mensch

n der Fluss, Wanderung entlang der Schelde

Foto's / Fotos: Dries Segers

hte aan mijzelf te danken heb / Ik druk op mijn lichaam om het gebrek aan mezelf te bepalen / Mogelijks kan ik mij overzwemmen
nken habe ich mir zu verdanken / Ich kneife mich, um so das Ausmaß meiner Abwesenheit zu bestimmen / Vielleicht kann ich mich übersetzen

Boot ein Mensch, das Einwortgedicht WASSER auf der IJzer

Foto's / Fotos: Pieter-Jan Ardies

Een gewichtig woord, voettocht met het eenwoordgedicht TIJD / *Ein gewichtiges Wort*, Fußmarsch mit dem Einwortgedicht ZEIT

om dan opnieuw / Een versie van mijzelf / Aan de andere kant te herkennen als een huisdier dat geduldig wacht / Een heen-en-
und dann wieder / Eine Fassung von mir / Am anderen Ufer erkennen, wie ein Haustier, das geduldig wartet / Ein Hin-und-Wie

Een boom een boot een mens, het eenwoordgedicht WATER op de IJzer / *Ein Baum ein Boot ein Mensch*, das Einwortgedicht WASSER auf de

Ein Baum ein Boot ein Mensch

Maarten Inghels

Foto's/Fotos: Michaël Depestele

In den letzten Jahren habe ich eher zufällig an einem Triptychon über die drei bedeutendsten belgischen Flüsse gearbeitet: die Schelde, die IJzer und die Maas.

Alles fing mit einer Anekdote an, die mir jemand erzählte, als ich Stadtdichter von Antwerpen war. Die Quelle der Schelde – jenes Flusses, der Flandern prägt und für die Existenz Antwerpens so wichtig ist, – sei 2009 für einen symbolischen Euro von der Hafenverwaltung erworben worden. Die Stadt besitzt also den Zustrom, der das Geld fließen lässt. Die Quelle der Schelde liegt in Gouy-Le-Catelet bei Cambrai in Nordfrankreich. Ich beschloss, die Schelde von der Quelle bis zur Mündung abzugehen und auf »Unregelmäßigkeiten und Unebenheiten« hin zu kontrollieren. Daraus entstand das Langgedicht »Ich folge dem Fluss, ich bin der Fluss«. Seitdem sind solche Aktionen, Installationen und Irrfahrten für mich zu schier unerschöpflichen Forschungsmethoden geworden. Sie bilden den Kern meines letzten Gedichtbandes *Contact/Kontakt*.

Vielleicht wurde ich deshalb eingeladen, ein bildnerisch-literarisches Werk im Tal der IJzer zu schaffen, in

---

lichaam als een tak in het water werp / Iets mij zacht en zonder de tanden te gebruiken in de mond neemt // Mij halen komt
nen Körper wie einen Zweig ins Wasser werfe / Etwas mich sanft und ohne zuzubeißen in den Mund nimmt // Mich holen kommt

---

Foto's/Fotos: Pieter-Jan Ardies

Flanderns Westhoek, wo unzählige Soldaten im Ersten Weltkrieg im Stacheldraht ihr Ende fanden und vom Wasser fortgetrieben worden. Mit einiger Hilfe baute ich ein Floß aus Styropor in Gestalt des Wortes WATER/WASSER. Auf diesem Einwortgedicht befuhr ich den Fluss von der französisch-belgischen Grenze bis zur Mündung in Nieuwpoort-aan-Zee, eine Strecke von 45 Kilometern. Am Bug befand sich ein kleiner Propellermotor, der über Startkabel an eine Lastwagenbatterie angeschlossen wurde. Mit beinahe drei Stundenkilometern fuhr mein acht Meter langes Boot quasi geräuschlos übers Wasser. Ich stand hinten, auf dem Bogen des Buchstabens R, und steuerte mit einem langen Paddel, als wäre das Floß eine venezianische Gondel, die sich in den belgischen Häusersumpf verirrt hätte. Und jetzt also die Maas!

Übersetzung: Stefan Wieczorek

»Man schmeckt eine Sprache ganz anders, wenn es nicht die eigene Muttersprache ist«
In fremden Sprachen schreiben

Interview mit Catharina Blaauwendraad und Annelie David

Interview und Textfassung: Anna Eble

CATHARINA BLAAUWENDRAAD kommt aus den Niederlanden und lebt seit 2009 in Österreich. Nach zwei niederländischen Gedichtbänden hat sie 2020 zum ersten Mal Gedichte auf Deutsch veröffentlicht, in der österreichischen Zeitschrift *Triëdere*.

ANNELIE DAVID wurde in Deutschland geboren und lebt seit vierzig Jahren in den Niederlanden. Sie hat bislang zwei Gedichtbände auf Niederländisch veröffentlicht. Ihr neuester Band *Schokbos / Walderschütterung* ist 2020 bei Uitgeverij Oevers erschienen.

'Je proeft de taal heel anders als het niet je moedertaal is'
In vreemde talen schrijven

Interview met Catharina Blaauwendraad en Annelie David

Interview en tekstversie: Anna Eble

CATHARINA BLAAUWENDRAAD komt uit Nederland en woont sinds 2009 in Oostenrijk. Na twee Nederlandse dichtbundels publiceerde zij in 2020 voor het eerst gedichten in het Duits, in het Oostenrijkse tijdschrift *Triëdere*.

ANNELIE DAVID is in Duitsland geboren maar woont sinds veertig jaar in Nederland. Ze heeft twee Nederlandse dichtbundels gepubliceerd, haar meest recente bundel *Schokbos* is in 2020 bij Uitgeverij Oevers verschenen.

Catharina, deine niederländischen Gedichte folgen meist einer strengen formalen Regelhaftigkeit, und auch als Übersetzerin bist du vor allem für deine Übersetzungen von Lyrik mit einer festen Form bekannt, zum Beispiel von Gedichten der mexikanischen Barockdichterin Sor Juana Inés de la Cruz. Seit Kurzem schreibst du auch Gedichte auf Deutsch, gehst du dabei anders vor?

CATHARINA: Wenn etwas sehr offen ist, schränkt es auch immer die Kreativität ein. Wenn ich auf Niederländisch Gedichte schreibe, muss ich sie sozusagen in ein Korsett schnüren – erst das ermöglicht mir einen kreativeren Schreibprozess. Manchmal muss ich an eine Katze denken, die ich einmal hatte, die eine echte Meisterin im Entwischen war. Wenn ich vergessen hatte, die Tür zuzumachen und sie weit offenstand, wollte die Katze nicht raus. Aber wenn ich rausgehen wollte und die Tür auch nur einen Spalt weit öffnete, durch den ich mich dann buchstäblich hindurchzwängte, war die Katze in null Komma nichts draußen. Bei meinen deutschen Gedichten ist das anders: Dafür muss ich mir keine Hürden aufstellen, weil ich schon durch die Sprache selbst eingeschränkt bin.

> Annelie, du hast erzählt, dass du häufig gefragt wirst: »Warum schreibst du denn nicht in deiner Muttersprache?«

ANNELIE: Ich bin von Haus aus Tänzerin. Poesie war für mich eine neue Ausdrucksform, nachdem das Tanzen weggefallen war. Ich habe nie auf Deutsch geschrieben, nur Tagebuch. Ich denke oft an Czesław Miłosz, der Sprache als wichtigsten Ausdruck von Identität ansah und sich weigerte, in einer anderen Sprache als seiner Muttersprache zu schreiben. Laut Miłosz ändert sich die eigene Identität, wenn man eine Sprache hinter sich lässt. Aber Identität ist eine Illusion – für mich bedeutete das Niederländische eine Befreiung, aber ich möchte das Deutsche nicht ganz verlieren.

▼▼▼▼▼▼▼▼▼▼▼▼▼▼▼▼▼▼▼▼▼▼▼▼▼▼▼▼▼▼▼▼▼▼▼▼

Catharina, jouw Nederlandse gedichten zijn meestal strak van vorm, en ook als vertaler sta je vooral bekend om vertalingen van vormvaste poëzie, bijvoorbeeld van werk van de Mexicaanse barokke dichter Juana Inés de la Cruz. Sinds kort schrijf je ook gedichten in het Duits, gaat dat anders in zijn werk?

CATHARINA: Als iets heel erg open is, belemmert het je creativiteit. Als ik gedichten in het Nederlands schrijf, dan moet ik er een keurslijf voor creëren; daardoor word ik juist creatiever. Ik vergelijk het soms met een kat die ik had, een echte ontsnappingskunstenaar: als ik vergat de deur dicht te doen en die wijd openstond, kwam hij niet naar buiten. Maar als ik naar buiten ging en de deur maar op een kiertje stond, ik me bij wijze van spreken door de deur wrong, dan was de kat er al sneller doorheen dan ik. Met mijn Duitse gedichten zit dat anders: ik hoef geen hordes te bedenken want hier ben ik al door de taal zelf beperkt.

> Annelie, je vertelde dat je vaak te horen krijgt: 'Waarom schrijf je niet in je moedertaal?'

ANNELIE: Ik kom uit de danswereld. De poëzie was voor mij een nieuwe uitdrukkingsvorm toen ik stopte met dansen. Ik heb nooit in het Duits geschreven, alleen dagboek. Vaak denk ik aan Czesław Miłosz, die taal als de meest belangrijke drager beschouwde van identiteit. Hij weigerde simpelweg om in een andere taal te schrijven dan in zijn moedertaal. Volgens Miłosz worden we iemand anders als we een taal achter ons laten. Maar identiteit is toch maar een illusie; voor mij betekende het Nederlands een bevrijding, maar ik wil het Duits niet helemaal kwijtraken.

CATHARINA: Das hört sich an, als wäre es etwas rein Geographisches; als würde man die Sprache tatsächlich hinter sich lassen. Aber man nimmt sie ja immer mit.
ANNELIE: Ich weiß nicht genau, was ich hinter mir gelassen habe und was noch vor mir liegt. Es ist eine Art *drempelsituatie*, eine Schwelle, auf der ich immer noch stehe.
CATHARINA: Diesen Schwebezustand kenne ich: mit dem einen Fuß im einen Land oder in der einen Sprache zu stehen und mit dem anderen Fuß in der anderen – diese Instabilität.
ANNELIE: Nach einer Lesung sprach mich einmal jemand aus dem Publikum an und sagte: »Aber es gibt doch gar keine Berge hier in den Niederlanden«, als hätte er einen Fehler in meinen Gedichten entdeckt. Das zeigt, wie sehr man einem Ort verhaftet sein kann. Poesie bringt mich an einen Ort, an dem Dinge entstehen, in eine leere Landschaft. Wenn man von woanders herkommt, befindet man sich eigentlich immer in einem Zwischenraum, an einem Nicht-Ort. Das, was man verlassen hat, ist nicht mehr greifbar, und gleichzeitig ist das, wo man sich im Augenblick befindet, noch nicht greifbar.
CATHARINA: Eigentlich muss es im Leben immer etwas geben, das sich dagegen wehrt, interpretiert zu werden. Irgendwo muss es einen Kampf geben. Wenn man etwas schon in Gänze begreift, dann beschäftigt man sich nicht mehr eingehend genug damit. Der blinde Fleck ist ein schwarzes Loch – einerseits die Unkenntnis über das Eigene und andererseits die ungeheure Kompaktheit der Materie. Da steckt viel drin.
ANNELIE: Das Verschwinden dessen, was man ist und wo man herkommt, wurde mir in die Wiege gelegt. Meine Großmutter musste '44 mit ihren Kindern aus Königsberg fliehen. Sie kam aus Masuren, ihr Dialekt wurde nur im Familienkreis gesprochen. Es gab so viele Erinnerungen und Geschichten, die nicht da waren, die man nicht selbst

▼▼

CATHARINA: Dat klinkt bijna alsof het een puur geografisch vraagstuk zou zijn; alsof je een taal letterlijk achter zou laten. Maar die neem je toch mee?
ANNELIE: Ik weet niet precies wat ik achter heb gelaten en wat nog voor mij ligt. Het is een soort *drempelsituatie* – ik sta nog steeds op de drempel.
CATHARINA: Dat zwevende ken ik wel, met de ene voet in het ene land of de ene taal staan en met de andere voet in de andere; die instabiliteit.
ANNELIE: Na een lezing kwam een keer iemand uit het publiek op me af en zei: 'Maar er zijn toch helemaal geen bergen hier in Nederland', alsof hij een foutje in mijn gedichten had ontdekt. Daaraan kun je zien hoe sterk je soms uitgaat van een bepaalde plek. Poëzie brengt mij naar een plek waar nieuwe dingen ontstaan, naar een leeg landschap. Als je elders vandaan komt, bevind je je eigenlijk altijd in een tussenruimte, op een non-plaats. Wat je hebt verlaten is niet meer grijpbaar maar waar je nu bent is ook nog niet grijpbaar.
CATHARINA: Er moet eigenlijk altijd iets in je leven zijn dat zich tegen interpretatie verzet, er moet ergens een gevecht zijn. Als je het al kunt bevatten, dan verdiep je je er niet meer in. De blinde vlek is een zwart gat – de onbekendheid van het eigene enerzijds en de enorme samengebaldheid van de materie anderzijds. Daar zit heel veel in.
ANNELIE: Het verdwijnen van wat je bent en waar je vandaan komt is me met de paplepel ingegoten. Mijn grootmoeder moest in '44 met haar kinderen uit Koningsbergen vluchten. Ze kwam uit Mazoerië, haar dialect werd alleen in de familiekring gesproken.

erleben konnte. Vielleicht fand ich dadurch immer schon die »andere Sprache« so verlockend. Zum Niederländischen habe ich inzwischen ein intimeres Verhältnis als zum Deutschen.

CATHARINA: Ich fand Deutsch auch immer besonders aufregend. Schon als Kind habe ich viele deutsche Märchen gelesen und war generell viel von der Sprache umgeben, sowohl zu Hause als auch in der Schule. Deutsche Werbung hatte etwas Magisches, man schmeckt eine Sprache ganz anders, wenn es nicht die eigene Muttersprache ist. In Mariazell habe ich als Schatzkammerbetreuerin in der Basilika und im Jagdmuseum gearbeitet. Meine Arbeit dort wurde zu einer echten Fundgrube für meine deutschen Gedichte. Dadurch hat sich mir ein vollkommen neuer Wortschatz eröffnet – Wörter, die ich nicht einmal auf Niederländisch kenne. Wenn ich Gedichte auf Deutsch schreibe, befinde ich mich in ganz anderen Arealen, dahin würde sich nie ein niederländisches Wort verirren.

ANNELIE: Wenn man mit einer anderen Sprache aufgewachsen ist, hat man immer Gepäck dabei. Dann gibt es Elemente in der eigenen Poesie, die keinen allgemeinen Wiedererkennungswert haben. Wird dadurch nicht vielleicht auch die Sprache reicher, in der man schreibt? Niederländisch ist ein Teil von mir geworden, manchmal werde ich ganz und gar zu Sprache.

CATHARINA: Mir fällt immer wieder auf, dass in Österreich noch einiges auf dem Sockel steht, das in den Niederlanden schon längst heruntergestürzt wurde. Meine deutschen Gedichte enden häufig mit etwas, das umfällt, das bereitet mir eine diebische Freude. Das darf man nicht zu oft machen, dann wird es langweilig, aber im Moment werfe ich noch Dinge vom Tisch und freue mich über die verschiedenen Töne beim Aufprall.

▼▼▼

Er waren altijd zoveel herinneringen en verhalen die ontastbaar waren, die je niet zelf kon beleven. Misschien is dat de reden waarom ik de 'andere taal' altijd al zo aantrekkelijk vond. Ik heb inmiddels een intiemere relatie met het Nederlands dan met het Duits.

CATHARINA: Ik vond het Duits ook altijd extra prikkelend. Als kind heb ik vaak Duitse sprookjes gelezen en kwam ook veel Duits tegen tijdens mijn opvoeding en op school. Duitse reclame had iets magisch, je proeft de taal heel anders als het niet je moedertaal is. In Mariazell heb ik als *Schatzkammerbetreuerin* bij de Basilika gewerkt, en in het *Jagdmuseum*. Mijn werk daar werd een echte *Fundgrube* voor mijn Duitse gedichten: ik heb een compleet nieuw woordenschat ontsloten – woorden die ik geeneens in het Nederlands ken. Als ik in het Duits gedichten schrijf, kom ik op compleet nieuw terrein terecht, er zou geen Nederlands in komen.

ANNELIE: Als iemand die is opgegroeid in een andere taal neem je altijd bagage mee. Vaak zitten er elementen in je poëzie die juist niet algemeen herkenbaar zijn. Wat voegt dat toe aan de taal waarin je schrijft? Het Nederlands is een deel van mezelf geworden, en ikzelf word soms helemaal de taal.

CATHARINA: Ik merk dat er in Oostenrijk nog veel torens overeind staan die in Nederland al zijn gevallen. Aan het einde van mijn Duitse gedichten valt vaak iets om, daar beleef ik een kinderlijk plezier aan. Je moet niet in herhaling vallen, dan wordt het saai, maar voorlopig ben ik nog dingen van tafel aan het duwen en ben blij dat het verschillende klappen maakt als het neerkomt.

ANNELIE: Die Lust an den Wörtern fiel mir direkt auf in deinen deutschen Gedichten. Jedes Wort ruft etwas hervor. Aber mir wurde auch klar: Das ist eben Catharina, die Lust an den Wörtern sehe ich auch im Niederländischen, nur äußert sie sich anders.

CATHARINA: Deine Gedichte ähneln vielleicht etwas mehr meinen deutschen Gedichten als meinen niederländischen, aber ich habe auch Übereinstimmungen mit Motiven aus meinem neuen niederländischen Gedichtband gefunden, an dem ich gerade arbeite. Wie in einem Spiegelkabinett, fast unwirklich: »jacht/Jagd«, das erste Gedicht aus deinem Debütband *Machandel*, aus dem die Sehnsucht spricht, vom Menschen wieder zum Tier zurückzuwollen, hat mich zum Beispiel sehr bewegt. Die Jagd ist auch eine Spurensuche nach etwas, das schon nicht mehr da ist.

ANNELIE: In *Machandel* ist die Suche nach Spuren aus der Vergangenheit, nach den verlorenen Orten eher implizit anwesend. Meine Großmutter hat nach der Flucht aus Königsberg noch ein zweites Mal ihren Wohnort verloren: In Oberbolheim wurde ein Fliegerhorst der britischen Royal Air Force gebaut und das gesamte Dorf wurde dem Erdboden gleichgemacht und an anderer Stelle wieder aufgebaut. Ich würde mich vor allem gerne in Kaliningrad auf Spurensuche begeben. Für mich wurde die Sache wieder drängender, als ich Bilder aus Syrien gesehen habe. Da habe ich mich dazu entschieden, die Spurensuche konkreter anzugehen und tatsächlich nach Kaliningrad zu fahren, dort die Ruinen zu sehen und auf mich wirken zu lassen, aber auch die Natur, von der so viel erzählt wurde.

CATHARINA: In welcher Sprache würdest du in Kaliningrad schreiben?

ANNELIE: Ich habe schon Gedichte auf Masurisch geschrieben, um in die Sprache meiner Großmutter zurückzufinden, bei der ich aufgewachsen bin. Ich merke auch, dass ich

▼▼▼

ANNELIE: Het plezier in de woorden viel me meteen op in je Duitse gedichten. Elk woord roept iets op. Tegelijkertijd werd mij duidelijk: dat is gewoon Catharina, dat plezier in de woorden zie ik ook in het Nederlands, alleen komt het anders tot uiting.

CATHARINA: Jouw gedichten lijken misschien wel meer op mijn Duitse gedichten dan op mijn Nederlandse gedichten maar ik heb ook wel overeenkomsten gevonden met motieven uit mijn nieuwe Nederlandse bundel die ik aan het schrijven ben. Het leek wel een *Spiegelkabinett*, bijna onwerkelijk. 'jacht' bijvoorbeeld, het eerste gedicht uit je debuut *Machandel*, trof me zeer. Er zit het menselijke verlangen in om weer dier te worden. Die jacht is ook een speurtocht naar iets dat er niet meer is.

ANNELIE: In *Machandel* is die zoektocht naar sporen uit het verleden, naar verdwenen plekken, maar impliciet aanwezig. Na haar vlucht uit Koningsbergen raakte mijn grootmoeder haar woonplek opnieuw kwijt: in Oberbolheim werd er een vliegbasis van de Royal Air Force gebouwd en het hele dorp werd met de aardbodem gelijk gemaakt en op een andere plek weer opgebouwd. Ik zou graag op speurtocht willen gaan in Kaliningrad. Die hele zaak werd voor mij extra urgent toen ik beelden zag uit Syrië. Toen nam ik de beslissing om mijn zoektocht wat concreter te maken en daadwerkelijk naar Kaliningrad te gaan; daar de ruïnes te zien en te ervaren, maar ook de natuur waar zoveel over verteld werd.

CATHARINA: In welke taal zou je in Kaliningrad schrijven?

ANNELIE: Ik heb al gedichten in het Mazoerisch geschreven om de taal van mijn grootmoeder, bij wie ik ben opgegroeid, weer terug te vinden. Wat me opvalt is dat ik steeds

den Kontakt zum Deutschen immer wieder herstellen muss. Das gelingt mir vor allem über das Übersetzen deutschsprachiger Gedichte, das mir nebenbei auch noch einen anderen Zugang zum Niederländischen ermöglicht. Die Dichter, die ich bisher übersetzt habe, sind mehrsprachig und fühlen sich auch mit dem östlichen Teil von Europa verbunden. Was mich an ihrer Lyrik so anspricht, ist der suchende Geist, das Ungreifbare von Ort und Sprache und vor allem das Ungreifbare von Identität. Beim Übersetzen kann ich auch immer wieder der Frage nach meiner eigenen Identität auf den Grund gehen: Die deutsche Sprache ist und bleibt nah bei mir, aber liegt unter vielen Schichten begraben.

Diese Sedimente müssen bei dir also immer wieder abgetragen werden: Das Bohrloch wird zugeschüttet und muss wieder aufs Neue ausgehoben werden.
CATHARINA: Darin äußert sich vielleicht doch ein Kampf um Identität als etwas, das man schützen muss, das man vergraben muss, wie einen Schatz. Man muss sich immer auf die Suche nach den eigenen vergrabenen Schätzen begeben, die der Anderen würde man nicht als solche erkennen. Dabei ist die eigene Suche exemplarisch für die der Anderen und wird dadurch viel mehr als reine Nabelschau. Es geht um Verlust im Allgemeinen. Meine Mutter musste am 5. September 1944, dem *Dolle Dinsdag*, an dem fälschlicherweise die Befreiung der Niederlande von der Besatzungsmacht ausgerufen wurde, nach Deutschland flüchten und war ab ihrem 14. Lebensjahr als Haushaltshilfe bei einer deutschen Familie. Dort musste sie auf der Stelle lernen, wie man Königsberger Klopse zubereitet. Unsere persönlichen Geschichten begegnen sich, Annelie. Darum lesen Menschen Poesie: weil wir uns letzten Endes immer so sehr ähneln, wenn wir nur tief genug graben.

▼▼▼▼▼▼▼▼▼▼▼▼▼▼▼▼▼▼▼▼▼▼

opnieuw het contact met het Duits moet opzoeken. Dat lukt vooral als ik gedichten uit het Duits vertaal, waardoor ik trouwens ook een andere toegang tot het Nederlands krijg. De dichters die ik tot nu toe heb vertaald zijn meertalig en voelen zich ook met het oostelijke deel van Europa verbonden. Wat mij in hun poëzie aanspreekt, is hun zoekende geest, het ongrijpbare van plaats en taal en vooral het ongrijpbare van identiteit. Als ik bezig ben met vertalen, kan ik ook altijd aan de slag met de vraag naar mijn eigen identiteit: de Duitse taal is en blijft dicht bij mij maar ligt bedolven onder veel lagen.

Die sedimenten moeten dus steeds opnieuw worden verwijderd; het boorgat wordt dichtgegooid en moet opnieuw worden uitgegraven.
CATHARINA: Daarin zit misschien wel een gevecht om identiteit als iets wat je moet gaan beschermen, wat begraven moet worden als een schat. Je moet altijd op zoek gaan naar je eigen begraven schatten, die van de ander zou je helemaal niet kunnen identificeren als waardevol. Je eigen zoektocht is exemplarisch voor die van de ander en wordt daardoor veel meer dan puur navelstaren. Waar het om draait is verlies in het algemeen. Mijn moeder moest op *Dolle Dinsdag* naar Duitsland vluchten en werkte vanaf haar veertiende als dienstmeisje bij een Duitse familie, waar ze ter plekke moest leren hoe je Königsberger Klopse maakt. Onze persoonlijke verhalen kruisen elkaar, Annelie. Dat is de reden waarom mensen poëzie lezen: omdat we uiteindelijk zo op elkaar lijken – als we maar diep genoeg graven.

MEERTALIGHEID IN STRAATPOËZIE *IN NEDERLAND EN VLAANDEREN*

KILA VAN DER STARRE

MEHRSPRACHIGKEIT IN GEDICHTEN *IM ÖFFENTLICHEN RAUM IN DEN NIEDERLANDEN UND IN FLANDERN*

Übersetzung: Gregor Seferens

GEDICHTE IM ÖFFENTLICHEN RAUM

Unter dem Motto »Bestimmt kennt jeder ein Gedicht im öffentlichen Raum, doch keiner kennt sie alle« habe ich im Vorfeld der Poesiewoche 2017 in Zusammenarbeit mit der Abteilung ICT & Media der Universität Utrecht die Website Straatpoezie.nl ins Leben gerufen. Die Seite ist ein Crowdsourcing-Projekt, bei dem jeder Beispiele von Gedichten eintragen kann, die im öffentlichen Raum in den Niederlanden und Flandern gelesen werden können. Man kann in eine interaktive Karte hineinzoomen, und jeder rote Marker gewährt Zugang zu Informationen über das Gedicht an dem betreffenden Ort. Straatpoezie.nl bildet daher ein digitales Archiv für das literarische Erbe, das nach den Kategorien Dichter*in, Sprache, Wort und Region durchsuchbar ist.

Auch dank der Berichterstattung in den Medien nach dem Start von Straatpoezie.nl wurden in nur einem Jahr über 1700 Gedichte und Lyrikzitate auf der Seite eingetragen. Inzwischen, nach vier Jahren, steht der Zähler bei mehr als 2700 Gedichten von mehr als 1200 Autor*innen – etwa 700 Gedichte in Flandern und 2000 in den Niederlanden – in mehr als vierzig Sprachen und Dialekten.

STRAATPOËZIE

Onder het motto 'iedereen kent wel een straatgedicht, maar niemand kent ze allemaal' richtte ik in de aanloop naar de Poëzieweek in 2017 in samenwerking met de afdeling ICT & Media van de Universiteit Utrecht de website Straatpoezie.nl op. De site is een crowdsourcingsproject, waarbij iedereen voorbeelden kan aanmelden van gedichten die te lezen zijn in de openbare ruimte van Nederland en Vlaanderen. Je kunt inzoomen op de kaart en ieder rood label geeft toegang tot informatie over het straatgedicht op die locatie. Straatpoezie.nl vormt daarmee een digitaal archief van literair erfgoed dat doorzoekbaar is op basis van dichter, taal, woord en regio.

Mede dankzij de media-aandacht die volgde op de lancering van Straatpoezie.nl, werden in één jaar tijd meer dan 1.700 gedichten en poëziecitaten aangemeld op de site. Ondertussen, vier jaar later, staat de teller op meer dan 2.700 gedichten van meer dan 1.200 dichters – waarvan ongeveer 700 gedichten in Vlaanderen en 2.000 in Nederland – in meer dan 40 talen en dialecten.

MEER DAN 40 TALEN

De meeste gedichten die zijn aangemeld op Straatpoezie.nl, ongeveer 90%, zijn Nederlandstalig. Op nummer twee staan Engelstalige straatgedichten (46 gedichten) en op nummer drie Friese straatgedichten (40 gedichten). Daarna volgt Frans (16) en Gronings (10). Ook straatgedichten in het Latijn (7), Duits (6), Russisch (6), Limburgs (5), Spaans (5) en Drents (4) komen meerdere keren voor.

In het Afrikaans, Grieks, Italiaans, Japans, Pools, Portugees, Schiermonnikoogs, Stellingwerfs

Ramsey Nasr: *Mi have een droom*. Rotterdam, De Luchtsingel. Fotos / Foto's: Opperclaes.

MEHR ALS VIERZIG SPRACHEN

Die meisten Gedichte auf Straatpoezie.nl, etwa 90%, wurden auf Niederländisch geschrieben. An zweiter Stelle stehen englischsprachige Gedichte (46) und auf Platz 3 friesische Gedichte (40). Dann kommen französische Gedichte (16) und Gedichte im Groninger Dialekt (10). Die folgenden Plätze belegen Latein (7), Deutsch (6), Russisch (ebenfalls 6), Limburger Dialekt (5), Spanisch (5) und Drenter Dialekt (4).

Auf Afrikaans, Griechisch, Italienisch, Japanisch, Polnisch, Portugiesisch sowie im Schiermonnikooger, Stellinwerfer und Twenter Dialekt sind im öffentlichen Raum der Niederlande und Flanderns je drei Gedichte zu finden. Und wenn man Glück hat, entdeckt man ein Gedicht auf Tschechisch, Arabisch, Baskisch, Berberisch, Buginesisch, Bulgarisch, Katalanisch, Chinesisch, Igbo, Georgisch, Hebräisch, Ungarisch, Malaiisch, Alt-Javanisch, Papiamentu, Sanskrit, Sranantongo, Türkisch, Urdu oder Schwedisch, denn diese Sprachen sind nur mit je einem Gedicht auf Straatpoezie.nl vertreten.

en Twents zijn telkens 3 gedichten te vinden in de openbare ruimte van Nederland en Vlaanderen. En als je echt geluk hebt, kom je een gedicht tegen in het Tsjechisch, Arabisch, Baskisch, Berbers, Buginees, Bulgaars, Catalaans, Chinees, Igbo, Georgisch, Hebreeuws, Hongaars, Maleis, Oud-Javaans, Papiamento, Sanskriet, Sranantongo, Turks, Urdu of Zweeds, want in die talen is slechts één gedicht aangemeld op Straatpoezie.nl.

MEERTALIGE STRAATGEDICHTEN
In deze bijdrage ga ik in op meertalige straatgedichten, oftewel gedichten in de openbare ruimte die uit meerdere talen bestaan of die in meerdere versies in verschillende talen naast elkaar zijn aangebracht. Meertaligheid in straatpoëzie is een interessant fenomeen omdat daarin verschillende belangrijke aspecten van straatpoëzie in bredere zin samenkomen. Vooral de democratiserende functie van straatpoëzie wordt er extra door uitgelicht; de talige diversiteit in de samenleving wordt weerspiegeld in de openbare ruimte.

Als het over meertalige straatpoëzie gaat, komen we al snel uit bij Leiden. Die stad kent de oudste straatpoëziestichting in de Lage Landen die vandaag de dag nog bestaat, namelijk stichting TEGEN-BEELD. Die stichting brengt sinds 1993 straatgedichten aan op muren in Leiden en doet dat sinds de begindagen al in verschillende talen.

In 2013 schilderde Willem Bruins het gedicht 'Loss' uit 1961 van Adonis, pseudoniem van de in 1930 in Syrië geboren Ali Ahmad Sa'id, op de muur op de hoek van het Gerecht en de Papengracht. De stichting koos voor een Arabisch gedicht om het vierhonderdjarig bestaan van de studie Arabisch aan de Universiteit Leiden te vieren. De tekst is in het Arabisch en het Engels op de muur aangebracht, waarbij het Arabische origineel meer dan twee keer zo groot is als de vertaling, die de dichter overigens zelf maakte. In de vormgeving van beide versies is een vlak toegevoegd met oranje en gele strepen; de kleuren van de Mezquita in het Spaanse Córdoba. Zowel de tweetaligheid als de verwijzing naar het

MEHRSPRACHIGE GEDICHTE IM ÖFFENTLICHEN RAUM
In diesem Beitrag gehe ich auf mehrsprachige Gedichte ein. Das können Gedichte sein, die aus mehreren Sprachen bestehen, oder auch Gedichte, die in mehreren Versionen in unterschiedlichen Sprachen nebeneinander angebracht sind. Mehrsprachigkeit in Gedichten im öffentlichen Raum ist ein vielschichtiges Phänomen, weil darin verschiedene, wichtige Aspekte von mehrsprachigen Gedichten im öffentlichen Raum in einem breiteren Sinn zusammenkommen. Vor allem die demokratisierende Funktion dieser Form von Lyrikpräsentation wird dadurch besonders hervorgehoben: Die sprachliche Diversität der Gesellschaft spiegelt sich im öffentlichen Raum wider.

Wenn man von mehrsprachigen Gedichten im öffentlichen Raum spricht, landet man sehr bald in Leiden. In dieser Stadt gibt es die älteste Stiftung für Lyrik im öffentlichen Raum in den Niederlanden, die bis heute existiert, nämlich die Stiftung TEGEN-BEELD. Seit dem Beginn ihrer Tätigkeit im Jahr 1993 bringt die Stiftung Gedichte in unterschiedlichen Sprachen auf Mauern in Leiden an.

2013 malte Willem Bruins das aus dem Jahr 1961 stammende Gedicht »Loss« von Adonis – das ist das Pseudonym des 1930 in Syrien geborenen Ali Ahmad Sa'id – auf die Mauer an der Ecke von Gerecht und Papengracht. Die Stiftung wählte ein arabisches Gedicht, um das vierhundertjährige Bestehen des Faches Arabistik an der Universität Leiden zu feiern. Der Text wurde auf Arabisch und Englisch auf der Mauer angebracht, wobei das arabische Original fast zweimal so groß ist wie die Übersetzung, die der Dichter übrigens selbst angefertigt hat. Bei der Gestaltung der beiden Versionen wurde eine Fläche mit orangefarbenen und gelben Streifen hinzugefügt: die Farben der Moschee von Córdoba. Sowohl die Zweisprachigkeit als auch der Hinweis auf das Weltkulturerbe in Córdoba beziehen sich auf das Gedicht selbst. Adonis schreibt in dem Gedicht nämlich über die positiven Aspekte von Verlust: »Loss saves us. It guides our footsteps. / And loss is a radiance. / All else a mask. // Loss unifies us with something other than us.« Die Geschichte der Moschee macht genau das deutlich: An ihrem Ort stand zuerst ein römischer Tempel, danach eine Kirche, dann eine Moschee und schließlich eine Kathedrale. Bei jeder

werelderfgoed in Córdoba sluiten aan bij het gedicht zelf. Adonis schrijft in het gedicht namelijk over de positieve aspecten van verlies: 'Loss saves us. It guides our footsteps. / And loss is a radiance. / All else a mask. // Loss unifies us with something other than us.' De geschiedenis van de Mezquita laat precies dit punt zien: op die plek stond eerst een Romeinse tempel, daarna een kerk, toen een moskee en vervolgens een kathedraal. Bij iedere overname en verbouwing ging er iets verloren, maar dat verlies bracht ook verbinding en eenwording met zich mee. Hetzelfde geldt voor dit muurgedicht in twee talen: talen en culturen worden aan elkaar verbonden en de poëzie wordt als één kunstwerk aan de voorbijgangers gepresenteerd.

VERBINDING VIA TAAL

In de Dichterswijk in Utrecht, om de hoek van waar ik zelf woon, worden niet twee maar meerdere talen gecombineerd in muurgedichten. Initiatiefnemers Wien de Smet en Sandy Rozemeijer realiseerden in 2009 samen met Stichting Doenja, die als doel heeft de 'leefbaarheid' in Utrecht te vergroten, het project 'Dichterbij Huis'. Samen met andere buurtbewoners kozen ze poëziecitaten uit het werk van de dichters naar wie de straten in die buurt zijn vernoemd: Jacob Cats, Constantijn Huygens, P.C. Hooft en Isaäc Da Costa. De Ruimte Ontwerpers, die als doel hebben om mensen te verbinden en onderbelichte groepen een stem te geven, schilderden op de muren in de wijk.

De Smet en Rozemeijer kozen ervoor de citaten in het Nederlands aan te brengen, én in vertalingen in alle talen die in die buurt worden gesproken, waaronder Arabisch, Berbers, Pools, Chinees, Russisch en Portugees. Ze deden dat om de binding tussen de oude literatuur en de huidige meertaligheid van de buurt te vergroten. Grote portretten van de dichters werden gemaakt door heel veel kleine foto's van de buurtbewoners samen te voegen. De initiatiefnemers creëerden hiermee draagvlak voor het project – ze belden bij alle huizen aan om over het project te vertellen en indien gewenst een foto te maken van de

Übernahme und bei jedem Umbau ging etwas verloren, doch dieser Verlust brachte auch Verbindung und Verschmelzung mit sich. Dasselbe gilt für das Wandgedicht in zwei Sprachen: Sprachen und Kulturen werden miteinander verbunden, und die Lyrik wird den Passant*innen als Kunstwerk präsentiert.

VERBINDUNG DURCH SPRACHE

Im Dichterviertel von Utrecht, nicht weit von meiner Wohnung, werden nicht zwei, sondern gleich mehrere Sprachen in Wandgedichten miteinander kombiniert. Die Initiatoren Wien de Smet und Sandy Rozemeijer realisierten 2009 zusammen mit der Stiftung Doenja, die sich zum Ziel gesetzt hat, die »Lebbarkeit« in Utrecht zu verbessern, das Projekt »Dichterbij Huis«. Gemeinsam mit Bewohner*innen des Viertels wählten sie Zitate aus dem Werk derjenigen Dichter aus, nach denen die Straßen im Viertel benannt sind: Jacob Cats, Constantijn Huygens, P.C. Hooft und Isaäc Da Costa. Die Ruimte Ontwerpers (Raumplaner), deren Ziel es ist, Menschen miteinander zu verbinden und unterrepräsentierten Gruppen eine Stimme zu geben, bemalten dann die Mauern des Viertels.

Adonis: *Loss*. Leiden. Foto: www.straatpoezie.nl

Isaäc da Costa: *Zoek d'oorsprong van het dichterlijk lied*. Utrecht.
Foto: www.straatpoezie.nl

bewoners – en legden in zowel beeld als taal een relatie tussen het heden en het verleden.

Het verbinden van buurtbewoners via meertaligheid was ook het doel van het muurgedicht van Janny Habraken dat in 2016 in de Celsiusstraat in Eindhoven werd aangebracht. Voor het project 'Benksie in de buurt' gingen bewoners aan de slag met de stijl van de bekende Britse straatkunstenaar Banksy om de multiculturele wijk Woensel-West mooier te maken. Habraken schreef het gedicht met de eerste regel 'Als ik alleen naar je kijk' met het idee om de verschillen tussen de aanwezige culturen – waarvan het aantal gegroeid was tijdens de vluchtelingencrisis – in de wijk te verkleinen. In de vormgeving van Stijn Bles zijn de twee versies naast elkaar op de muur geplaatst. Omdat Arabisch van rechts naar links wordt gelezen en Nederlands van links naar rechts, zorgt de plaatsing van het Nederlandse origineel en de Arabische vertaling door Assad Jaber naast elkaar ervoor dat de kloof letterlijk en figuurlijk wordt gedicht.

De Smet und Rozemeijer entschieden sich dafür, die Zitate auf Niederländisch und als Übersetzungen in alle Sprachen, die im Viertel gesprochen werden, zu präsentieren, unter anderem auf Arabisch, Berberisch, Polnisch, Chinesisch, Russisch und Portugiesisch. Damit wollten sie die Verbindung zwischen dem literarischen Erbe der Niederlande und der heutigen Vielsprachigkeit des Viertels stärken. Große Porträts der Dichter wurden angefertigt, indem man sehr viele kleine Fotos der Bewohner*innen des Viertels zusammenfügte. Die Initiatoren des Projekts klingelten an jeder Tür, berichteten über das Projekt und machten, wenn dies gewünscht wurde, ein Foto der Bewohnerin oder des Bewohners. Sie sorgten damit für Akzeptanz für das Projekt und schufen sowohl in der Sprache als auch im Bild eine Verbindung zwischen Vergangenheit und Gegenwart.

Die Nachbarschaft durch ihre Mehrsprachigkeit miteinander in Verbindung zu bringen, war auch das Ziel des Wandgedichts von Janny Habraken, das 2016 in der Celsiusstraat in Eindhoven angebracht wurde. Für das Projekt »Benksie in de buurt« machten sich Bewohner*innen im Stil des bekannten britischen Streetart-Künstlers Banksy an die Arbeit, um ihr multikulturelles Viertel Woensel-West zu verschönern. Habraken schrieb das Gedicht, dessen erste Zeile »Wenn ich dich nur betrachte« lautet, mit der Intention, die Unterschiede zwischen den im Viertel lebenden Kulturen – deren Zahl während der Flüchtlingskrise weiter gewachsen ist – abzubauen. Der Designer Stijn Bles hat die niederländische und die arabische Version nebeneinander auf der Wand platziert. Weil das Arabische von rechts nach links und das Niederländische von links nach rechts gelesen wird, bewirkt diese Positionierung des Originals und der Übersetzung von Assad Jaber, dass die Lücke buchstäblich und figürlich geschlossen wird.

»WALLAH, POETRY POET«

Das Gedicht im öffentlichen Raum der Niederlande und Flanderns, das die meisten Sprachen verwendet, ist wahrscheinlich »Mi have een droom« von Ramsey Nasr, ehemaliger Stadtdichter von Antwerpen und ehemaliger Dichter des Vaterlands. Das Gedicht ist seit 2015 auf »De Luchtsingel«, einer hohen Holzbrücke im Rotterdamer Stadtteil Delftsehof, zu lesen. Das Gedicht ist ein achthundert Meter langer,

'WULLAH, POETRY POET'

Het meertaligste gedicht in de openbare ruimte van Nederland en Vlaanderen is waarschijnlijk 'Mi have een droom' van Ramsey Nasr, ex-stadsdichter van Antwerpen en ex-Dichter des Vaderlands. Dat gedicht is sinds 2015 te lezen op 'De Luchtsingel' in Rotterdam, een hoge houten brug in de wijk het Delftsehof. De tekst is in een 800 meter lang ontwerp van Opperclaes aangebracht op de buitenkant van de brug en is geschreven in een taal die een voorspelling is van de straattaal van Rotterdam in 2059.

'wullah, poetry poet, let mi takki you 1 ding: di trobbi hier is dit / ben van me eigen now zo 66 jari & skerieus ben geen racist, aber / alle josti op een stokki, uptodate, wats deze shit?' luiden de eerste drie regels van het gedicht dat Nasr al in 2009 schreef. Een oude, rasechte Rotterdammer uit de toekomst is aan het woord. Hij blikt terug op een vroegere tijd, toen de stad nog zijn stad was, maar '[d]eze man beseft niet dat zijn eigen taal – en daarmee hijzelf – volledig onzuiver is', vertelde Nasr in 2010 in *Onze Taal*.

Het gedicht staat vol met aan het Arabisch en het Surinaamse Sranantongo ontleende straattaal, zoals trobbi ('problemen'), azizi ('liefje'), stitti ('stad'), condoekoe ('conducteur') en tantoe ('ontzettend'). Het jaar 2059 is nog ver weg en wie weet hoe lang het gedicht leesbaar zal blijven op de brug, maar een leuke denkoefening is het wel: wat als de Rotterdamse taal zich ontwikkelt naar aanleiding van dit gedicht en Nasrs voorspelling uitkomt ómdat zijn werk als meertalig straatgedicht werd aangebracht in de openbare ruimte?

Op de kaart van www.straatpoezie.nl staan meer dan 2.700 gedichten die te lezen zijn in de openbare ruimte van Nederland en Vlaanderen. Ook zijn er leestips en lestips te vinden voor liefhebbers en leraren. Het aanmelden van straatgedichten kan ook nog steeds. Het proefschrift *Poëzie buiten het boek. De circulatie en het gebruik van poëzie* (2021) van Kila van der Starre is beschikbaar als gratis e-boek. Zie voor meer informatie: www.kilavanderstarre.com.

von Opperclaes gestalteter Schriftzug, der an der Außenseite der Brücke angebracht ist. Geschrieben wurde das Gedicht in einer Sprache, die einen Ausblick auf den Rotterdamer Jargon im Jahr 2059 bietet.

»Wallah, poetry poet, let mi takki you 1 ding: di trobbi hier is dit / bin selber nun so um die 66 & echt, eh, ich bin null Rassist, aber / jetzt ganz ohne Scheiß, uptodate, wats dieser shit?« lauten die ersten drei Zeilen des Gedichts, das Nasr bereits im Jahr 2009 geschrieben hat. Ein alter, waschechter Rotterdamer spricht. Er schaut zurück auf eine frühere Zeit, als die Stadt noch seine Stadt war, doch »diesem Mann ist nicht bewusst, dass seine eigne Sprache – und damit auch er selbst – ein einziges Mischmasch ist«, erzählte Nasr 2010 in *Onze Taal*. Das Gedicht ist gespickt mit dem Arabischen und dem surinamischen Sranantongo entliehenem Slang, zum Beispiel Wörter wie »takki« (sprechen), »trobbi« (Problem), »azizi« (Freundin), »stitti« (Stadt), »condoekoe« (Schaffner) und »tantoe« (enorm, wahnsinnig). Das Jahr 2059 ist noch weit entfernt, und wer weiß, wie lange man das Gedicht an der Brücke noch wird lesen können, doch ein hübsches Gedankenspiel ist es schon: Was, wenn sich die Rotterdamer Sprache gemäß der des Gedichts entwickelt und Nasrs Vorhersage eintrifft, gerade *weil* seine Arbeit als mehrsprachiges Gedicht im öffentlichen Raum angebracht wurde?

Auf der Karte auf www.straatpoezie.nl stehen über 2700 Gedichte, die im öffentlichen Raum der Niederlande und Flanderns zu lesen sind. Außerdem gibt es Lese- und Unterrichtsempfehlungen für Lyrik-Liebhaber*innen und Lehrer*innen. Es können immer noch Gedichte im öffentlichen Raum gemeldet werden.
Die Doktorarbeit *Poëzie buiten het boek. De circulatie en het gebruik van poëzie* (Poesie außerhalb des Buches. Verbreitung und Verwendung von Poesie; 2021) von Kila van der Starre ist als kostenloses E-Book verfügbar. Für weitere Informationen siehe: www.kilavanderstarre.com.

JULIA TROMPETER

Zum performativen
Potenzial visueller Lyrik –
wie man Paul van Ostaijen
auf die Bühne bringt

Huis Stad Ik.

Over het performatieve
potentieel van visuele lyriek –
hoe je Paul van Ostaijen
op het toneel brengt

Vertaling: Marianne van Reenen

Das Gedicht »Huis Stad Ik« aus dem 1921 erschienenen Gedichtband *Bezette Stad* von Paul van Ostaijen (1896–1927), dessen Erscheinen sich also 2021 zum hundertsten Mal jährte, schildert eine kleine häusliche Szene in seiner von den deutschen Truppen besetzten Heimatstadt Antwerpen. Es ist ein visueller Text, dessen Dynamik sich nicht zuletzt durch das Ausreizen typographischer Möglichkeiten entfaltet. Verschiedene Schriftarten und -größen sowie die Anordnung der Wörter und Zeilen lassen die Geschehnisse vor den Augen geradezu lebendig werden. Wir blicken in eine Stube hinein, in der die Worte knapp sind und oft Stille herrscht. Mutter und Bruder sind einsilbig, stumm; alles ist pianissimo, wie es in der Musiksprache heißt. Doch dann und wann wird sanft gesprochen, das Lauschen auf die ihm nahestehenden Menschen scheint dem »Ik« Sicherheit, ja Wohligkeit zu vermitteln. Die Friedlichkeit der Szene verstärkt sich in der darauffolgenden rhythmischen Passage, in der das Bild eines Schiffs (man mag auch an eine Wiege denken) aufgerufen wird, das von Wellen sanft bewegt im guten Hafen liegt. In dieser vielleicht bloß erinnernden, vielleicht an die Vergessenheit im Schlaf gemahnenden Passage entsteht alles in allem ein Gefühl von Geborgenheit. Bis plötzlich die Katastrophe hereinbricht. Ein BRIEF jagt ins Haus, dessen Bedeutsamkeit durch die Majuskeln und die enorme Schriftgröße des Wortes ins Auge fällt. Ebenfalls dominant sind der überdimensionierte Buchstabe O und das schräg stehende und auseinandergerissene Wort RUI N am Ende des Gedichts. Was in dem Brief steht, wird nicht enthüllt, doch es liegt die Vermutung nahe, dass er etwas mit dem Bruder zu tun hat, dessen Abwesenheit (»rond weg-zijn«) zu Beginn thematisiert wird. Der über die Treppe jagende Brief entzündet Chaos: Haus und »Ik« verschmelzen nun in einem einzigen rasenden Puls. Seine Spannung verdankt das Gedicht sowohl der extremen Dynamik von lauten und leisen Passagen als auch der Variation der Tempi, wie hier jetzt durch ein ausgeprägtes Presto, das sich gegen die vorhergehende moderate Wellenbewegung absetzt. Auch Farben spielen eine Rolle. Ob Tag oder Nacht, das Haus schläft hinter abgedunkelten Fenstern, und kein strahlendes Orange vermag das düstere Violett zu brechen. Sind mit den »blinden«, von denen man keinen »stof (Staub)« nehmen darf, abgedunkelte Fenster gemeint? Vieles

Het gedicht 'Huis Stad Ik' uit de in 1921 verschenen – en in 2021 dus honderd jaar oud wordende – dichtbundel *Bezette Stad* van Paul van Ostaijen (1896–1927) schildert een kleine huiselijke scène in zijn door Duitse troepen bezette geboortestad Antwerpen. Het is een visuele tekst, waarvan de dynamiek niet in de laatste plaats tot stand komt door het uitbuiten van typografische mogelijkheden. Door de verschillende lettertypes en korpsgroottes en de rangschikking van de woorden en regels komen de gebeurtenissen bijna voor je geestesoog tot leven. We kijken een huiskamer in waar weinig woorden vallen en waar vaak stilte heerst. Moeder en broer zijn niet erg spraakzaam; alles is pianissimo zoals ze in de muziek zeggen. Maar zo nu en dan wordt er zacht gesproken, en het luisteren naar zijn naasten lijkt de 'ik' een gevoel van zekerheid, ja, van behaaglijkheid te geven. Het vredige karakter van het tafereel wordt versterkt in de daaropvolgende ritmische passage waarin het beeld wordt opgeroepen van een schip (je kunt ook aan een wieg denken) dat zachtjes dobberend op de golven in de goede haven ligt. In deze passage, die misschien alleen uit herinneringen bestaat of aan de vergetelheid van de slaap doet denken, ontstaat al met al een gevoel van geborgenheid. Tot er zich opeens een ramp voltrekt. Een BRIEF 'jaagt' het huis binnen, het belang ervan springt door de hoofdletters en de enorme korpsgrootte van het woord in het oog. Al even dominant zijn de buitensporig grote letter O en het diagonale, uit elkaar getrokken woord RUI N aan het eind van het gedicht. Wat er in de brief staat, wordt niet onthuld, maar waarschijnlijk heeft het iets met de broer van de 'ik' te maken, wiens afwezigheid ('rond weg-zijn') aan het begin wordt aangestipt. De over de trap jagende brief zorgt voor chaos: huis en 'ik' versmelten nu tot één jagende polsslag. De spanning van het gedicht is niet alleen te danken aan de buitengewone dynamiek van harde en zachte passages, maar ook aan de variatie in de tempi, zoals hier door een nadrukkelijk presto, dat contrasteert met de eraan voorafgaande moderate golfbewegingen. Ook kleuren spelen een rol. Of het nu dag of nacht is, het huis slaapt achter verduisterde ramen en geen stralend oranje kan het donkere violet breken. Worden met de 'blinden', waarvan je geen 'stof' mag nemen,

bleibt im Unklaren, über die Szenerie ist ein tiefer Schatten gefallen. Man schaut nun in ein verdüstertes Puppenhaus hinein, das, umzingelt und bedroht, seine Unschuld verloren hat. Wörter zerfallen hier ebenso in Einzelteile wie Subjekte. Am Ende herrschen Atemlosigkeit, Leere und Ruin, und übrig bleiben ein ge-bro-ch-enes Herz und Haus, eine gebrochene Stadt. Im Mikro- und Makrokosmos liegt alles in Scherben.

Sein großes performatives Potenzial erhält dieses Kammerspiel vor dem welthistorischen Hintergrund des Ersten Weltkriegs, den Ostaijen in Antwerpen miterleben musste, durch die hohe Spannung des Textes sowie seine ausgeprägte Emotionalität. Die starke Verzweiflung, die im Gedicht herrscht, wird durch die Perspektive des »Ik« geschaffen, das der Situation ausgeliefert ist und weder die geliebten Menschen noch sich selbst befreien und retten kann. Paul van Ostaijen selbst hat seine Existenz so beschrieben:

> ICH wurde geboren. Dies muss angenommen werden, auch wenn ein absoluter objektiver Beweis nicht vorgebracht werden kann. Das Axiom liegt im Felde der subjektiven Erfahrung. Das Objektive ist bloß eine Vermutung. Deshalb: sind wir geboren. Sehen. Fühlen. Bloßes Lachen über die mangelnde Überzeugungskraft dieses Beweises. Ich frage: Wer wurde zuverlässig geboren? Dennoch: Ich wurde geboren. Trotz berechtigtem Zweifel muss ich diesen Zweifel ebenfalls bezweifeln. Von Anfang an scheint die Funktion des Menschen festgelegt zu sein als ein Zweifel am Zweifel.[1]

Der Abschnitt offenbart eine radikale Skepsis an aller objektiven Beweisbarkeit unseres Daseins, der sich zugleich selbst aufhebt. Denn auch der Zweifel ist als Fundament objektiver Erkenntnis ungeeignet und muss als solcher in Frage gestellt werden. Wenn überhaupt etwas Bestand hat, ist es der Zweifel am Zweifel: ein Zirkelschluss, der in die Unendlichkeit führt. Diese metaphysische Grundverunsicherung wird auch in »Huis Stad Ik« spürbar. Was uns bleibt, ist der direkte Bezug zur eigenen phänomenologischen Erfahrungswelt. Und auch wenn laut Ostaijens Urteil die subjektiven Empfindungen keine Überzeugungskraft in sich tragen, scheinen sie dennoch das Einzige zu sein, woran wir unsere Existenz fest-

---

verduisterde ramen bedoeld? Veel blijft onduidelijk, de scène is nu in diepe schaduwen gehuld. We kijken in een verduisterd poppenhuis, het is omsingeld en bedreigd, heeft zijn onschuld verloren. De woorden vallen hier net als de subjecten in stukken uiteen. Aan het eind overheerst ademloosheid, is er leegte, ruïne, en wat overblijft, zijn een ge-bro-k-en hart en huis, een gebroken stad. In de micro- en macrokosmos ligt alles aan scherven.

Dit kamerspel, opgevoerd tegen de historische achtergrond van de Eerste Wereldoorlog, die Van Ostaijen in Antwerpen heeft moeten meemaken, dankt zijn bijzondere performatieve potentieel zowel aan de grote spanning van de tekst als aan zijn uitgesproken emotionaliteit. De diepe vertwijfeling die uit het gedicht spreekt, ontstaat door het perspectief van de 'ik', die aan de situatie overgeleverd is en zijn geliefden noch zichzelf kan bevrijden en redden. Paul van Ostaijen heeft zijn bestaan als volgt beschreven:

> IK ben geboren. Dit moet worden aangenomen, alhoewel een absoluut objectief bewijs niet is voor te brengen. Aksioom in het domein van de subjektieve ervaring. Objektief is het slechts gissen. Dus: zijn wij geboren. Zien. Tasten. Maar lachen om het weinig overtuigende van dat bewijs. Ik vraag: wie is wel degelik geboren? Nochtans: ik werd geboren. Spijts gegronde twijfel, moet ik ook aan deze twijfel twijfelen. De menselike funktie schijnt van eerstaf als twijfel aan de twijfel te zijn gedetermineerd.[1]

Uit deze passage spreekt een radicale scepsis over elke objectieve bewijsbaarheid van ons bestaan, die zichzelf tegelijkertijd opheft. Want ook twijfel is ongeschikt als grondslag van objectieve kennis en moet als zodanig ter discussie worden gesteld. Als er überhaupt iets bestendig is, dan is het de twijfel aan de twijfel: een cirkelredenering die tot in het oneindige voert. Deze fundamentele metafysische onzekerheid wordt ook voelbaar in 'Huis Stad Ik'. Wat ons rest, is de directe verbinding met onze eigen fenomenologische ervaringswereld. En ook al bezitten de subjectieve ervaringen volgens Van Ostaijen geen overtuigingskracht, toch lijken ze het enige te zijn waaraan ons bestaan houvast heeft. In elk geval

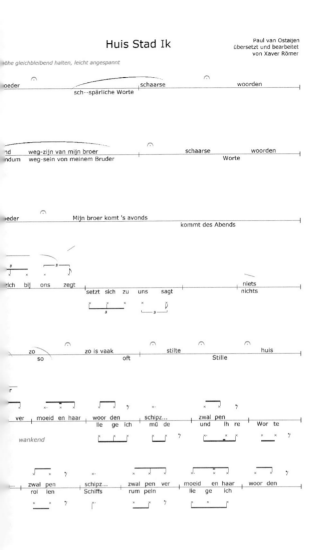

Xaver Römer: Partitur (Auszug) zu /
partituur (uittreksel) bij *Huis Stad Ik*

machen können. Sinneseindrücke und Empfindungen auf verschiedenen Ebenen der Wahrnehmung bestimmen jedenfalls die Choreographie von »Huis Stad Ik«. Das Lauschen auf die Geräusche im Haus, das Sehen der Farben und Schatten, Atemlosigkeit, Angst. Es ist die unsentimentale Beschreibung existenzieller Gefühle, die den Text haptisch und eindringlich macht. Am Ende jedoch wird auch diese Verbindung zwischen Subjekt und Welt gekappt, und es bleibt nur noch »dit niet voelen (dies nicht fühlen)«, die völlige Empfindungslosigkeit angesichts der Verzweiflung: ein seufzendes O, oder eine Null, ein Nichts. Ist dies, so kann man sich fragen, das Aufgeben der letzten Gewissheit zu existieren? Dies scheint die ebenso traurige wie naheliegende Interpretation zu sein. Liest man das Gedicht von links oben nach rechts unten, so findet sich anfangs noch das »Ik« geborgen im »ons«, doch am Ende bleiben nur noch das Haus, die Straße und die Stadt übrig. Von einem »Ik« ist hingegen nicht mehr die Rede.

Die emotionale Kraft und Schwere in Kombination mit der spielerisch anmutenden visuellen Ausgestaltung machen den Vortrag von Ostaijens Gedichten zu einer besonderen Herausforderung. Wer als

bepalen zintuigelijke indrukken en ervaringen op verschillende waarnemingsniveaus de choreografie van 'Huis Stad Ik'. Het luisteren naar de geluiden in huis, het zien van de kleuren en schaduwen, ademleegte, angst. Het is de onderkoelde beschrijving van existentiële gevoelens die de tekst tastbaar en indringend maakt. Maar aan het eind wordt ook deze verbinding tussen subject en wereld doorgesneden. Het enige wat overblijft, is 'dit niet voelen', de volledige gevoelloosheid tegenover de vertwijfeling: een zuchtende O, of een nul, een niets. Is dit, zo kun je je afvragen, het opgeven van de laatste zekerheid dat je bestaat? Dat lijkt de even treurige als voor de hand liggende interpretatie. Lees je het gedicht van linksboven naar rechtsonder, dan is het 'ik' in het begin nog geborgen in het 'ons', maar blijven aan het eind alleen het huis, de straat en de stad nog over. Van een 'ik' is geen sprake meer.

De emotionele kracht en zwaarte in combinatie met de speels aandoende visuele vormgeving maken het voordragen van Van Ostaijens gedichten een bijzondere uitdaging. Wie als dichter de poëzie van Van Ostaijen wil voordragen, moet iets bedenken. In

1 Paul van Ostaijen: »Zelfbiografie«. In: Erts. *Letterkundige almanak*. Jaargang 3, 1929, S. 11, Übersetzung: JT.

Dichter*in, gestern wie heute, die Lyrik von Ostaijen vortragen will, sollte sich deshalb etwas einfallen lassen. In unserem Projekt »Sprechduette«² haben Xaver Römer und ich diesen Text nach einer von Römer geschaffenen Partitur im Duett rhythmisch interpretiert und vorgetragen. Einer Performance sollte es im besten Fall wohl gelingen, die existenzielle Not, die historische und persönliche Schwere, aber auch die künstlerische Virtuosität und Verspieltheit des Gedichts erfahrbar zu machen. Die Varianz der stillen und lauten, schnellen und langsamen Episoden im Text legt eine musikalische Interpretation unmittelbar nahe, denn der Text selbst ist gewissermaßen schon die Partitur. Außerdem bietet es sich an, die im Gedicht angelegten konkreten akustischen Elemente aufzugreifen und, etwa mit den Mitteln von Wiederholung, Dynamik und Rhythmisierung, zu verstärken. Man hört beim Lesen praktisch, wie die Wellen sanft an die Planken des Schiffs schlagen, wie der Puls rast oder die Uhren im Haus ticken. Hier werden nicht die Minuten gezählt, sondern die Zeit als solche – eine schiere Unmöglichkeit, die der Bewegungslosigkeit im stillgestellten Haus inmitten einer besetzten Stadt Ausdruck verleiht. Doch auch auf allgemeinerer Ebene funktioniert die musikalische Interpretation bestens. In formaler Hinsicht ist sie fruchtbar, weil sie die essenzielle visuelle Dimension des Textes durch die musikalische Dimension ersetzen und den Text so akustisch neu erfahrbar machen kann. Und auf inhaltlicher Ebene ist die emotionale Ausdruckskraft und Vielfalt von Musik – und wohl zuallererst die Musikalität des Niederländischen, wie es in Flandern gesprochen wird, das wir teilweise mit deutschen Übersetzungen überlagert und ergänzt haben – ein starkes Werkzeug, um der zerstörerischen Dramatik dieses ergreifenden Gedichts auf die Spur zu kommen.

BESETZTE STADT – BEFALLENE STADT
Das flämisch-niederländische Kulturhaus deBuren hat in der Pandemie Künstler*innen eingeladen, mit eigenen Arbeiten auf Paul van Ostaijens Gedichte aus *Besetzte Stadt* (1921) zu reagieren, also auf jenen Gedichtband, den Paul van Ostaijen in Berlin verfasste. Erik Spinoy, der mit Gedichten und Übersetzungen im ersten Heft des *Trimaran* vertreten war, reagierte auf »Huis Stad Ik/Haus Stadt Ich« und auch Maud Vanhauwaert ließ sich von *Besetzte Stadt* inspirieren. https://deburen.eu/besmette-stad

BEZETTE STAD – BESMETTE STAD
Het Vlaams-Nederlands Huis deBuren heeft tijdens de coronacrisis kunstenaars uitgenodigd om met eigen werk op gedichten uit *Bezette stad* (1921) te reageren. Paul van Ostaijen schreef deze bundel tijdens zijn ballingschap in Berlijn. Erik Spinoy van wie gedichten en vertalingen in de eerste editie van *Trimaran* stonden antwoordde op 'Huis Stad Ik' en ook Maud Vanhauwaert liet zich door *Bezette stad* inspireren. https://deburen.eu/besmette-stad

ons project *Sprechduette*² hebben Xaver Römer en ik deze tekst ritmisch geïnterpreteerd en voorgedragen in een duet op basis van een partituur van de hand van Römer. Een uitvoering moet er idealiter in slagen de existentiële nood, de historische en persoonlijke zwaarte, maar ook de artistieke virtuositeit en speelsheid van het gedicht over te brengen. Door de afwisseling van stille en luide, snelle en langzame episoden in de tekst dient een muzikale interpretatie zich onmiddellijk aan, want de tekst zelf is in zekere zin al de partituur. Bovendien kunnen we gebruikmaken van de concrete akoestische elementen in het gedicht, die met middelen als herhaling, dynamiek en ritmiek versterkt kunnen worden. Onder het lezen hoor je de golven bijna tegen de planken van het schip klotsen, de pols jagen en de klokken in huis tikken. Hier worden niet de minuten geteld, maar de tijd als zodanig – iets volstrekt onmogelijks, wat de roerloosheid in het stilgezette huis midden in een bezette stad expressiviteit verleent. Maar ook in algemenere zin werkt de muzikale interpretatie het best. Wat de vorm betreft, is die vruchtbaar, omdat ze de essentiële visuele dimensie van de tekst door de muzikale dimensie kan vervangen en zo het publiek akoestisch de tekst op een nieuwe manier kan laten ervaren. En inhoudelijk gezien is de emotionele zeggingskracht en veelzijdigheid van muziek – en in de eerste plaats de muzikaliteit van het in Vlaanderen gesproken Nederlands, dat we gedeeltelijk met Duitse vertalingen laten samenvallen en aanvullen – een krachtig middel om de destructieve dramatiek van dit aangrijpende gedicht op het spoor te komen.

2 http://www.sprechduette.de/

ERIK SPINOY

Koerier van de waarheid

Wat moet een brief zoals deze hier
niet hebben doorstaan

om onafwendbaar aan te komen
op zijn bestemming.

    In dat verre slijk en door constant kanongebulder
    prikkeldraad, verboden en censuur veldgrijs

    van haar gescheiden
    schrijft de Vlaamse zoon
    zijn clandestiene brief aan de geliefde Vlaamse moeder

    en schenkt haar zo terug (hoopt en gelooft hij)
    wat haar eens ontstolen was.

Om dit te begrijpen zal mijn moeder gelukkig zijn.
De moeder: fontein van vruchtbaarheid.
Wij hebben de Aarde lief. De ronde, vruchtbare aarde.

    Alles maar ook alles zijn voor haar.

Aan een moeder. (Net alsof die hinderlijke vader
net alsof die andere vader, die verwekker
van verschil

lang dood was of afwezig en verwenst en spoorloos
in het niet verdwenen.)

Bote der Wahrheit

Was hat ein Brief wie dieser
nicht alles schon ertragen

um schließlich unvermeidlich
an sein Ziel zu kommen.

    Fernab im Schlamm, durch steten Kanonendonner
    Stacheldraht, Verbote und Zensur feldgrau

    getrennt von ihr
    schreibt der flämische Sohn
    der geliebten flämischen Mutter seinen klandestinen Brief

    und schenkt ihr so zurück (hofft und glaubt er)
    was ihr einst genommen wurde.

Um das zu verstehen, wird meine Mutter glücklich sein.
Die Mutter: sprudelnder Quell der Fruchtbarkeit.
Wir lieben die Erde. Die runde, fruchtbare Erde.

    Alles für sie sein, nicht weniger als das.

An eine Mutter. (Als wäre der leidige Vater
als wäre dieser andere Vater, dieser Erzeuger
von Verschiedenheit

seit Jahren tot oder abwesend und verflucht und spurlos
dann im Nichts verschwunden.)

Übersetzung: Anna Eble

Paul van Ostaijen
Huis Stad Ik
Aus / uit
Bezette stad, 1921

Übersetzung:
Christoph Wenzel und
Stefan Wieczorek

                    Huis Stad **Ik.**

(Moeder schaarse woorden
  rond weg-zijn van mijn broer)
Mijn broer komt
's avonds
⌠ zet zich bij ons
⎮ zegt niets
⌡ zo is vaak stilte

                        huis
   of   lig ik vermoeid
       en haar woorden
schip^z ^wal_pen en   goede **haven**

B R I E F.

alle deuren slaan
kwam er een stoet in huis
over de trap jaagt
Brief de kamer binnen
   H ij **is overal nu**
in vlees en bloed
ZIJN hand houdt *brief*
het ganse huis klopt polsslag   B R I E F

slaapt weer huis
dag nacht
slaapt huis
en
  geen **O**ranje
breekt **V**iolet
             vallen van schaduw in huis

*N*iet nemen stof van blinden
ge bro K en - hart - H uis schaduwt straat
gebroken - hart - straat stad
        t   t
tellen e van tijd ij in dit   ademloze
       l   d

dit   stappen   lege   ruimte
  0   dit   stappen   het
  Ademlege **0** dit niet voelen
                            huis
StaPPen   straat
     R U I   stad
          N

Haus Stadt **Ich.**

(Mutter karge Worte
kreist ums Weg - sein meines Bruders)
Mein Bruder kommt
abends
∫ setzt sich zu uns
  sagt nichts
  so ist's oft still

Haus

oder   lieg ich erschöpft
      und ihre Wörter

Schiffswogen   und   sicherer **Hafen**

B R I E F .

alle Türen   schlagen
zog ein Tross ins Haus
über die Treppe hetzt
Brief ins Zimmer

Er ist überall jetzt
in Fleisch und Blut
SEINE Hand hält *Brief*
das ganze Haus pocht Pulsschlag   B R I E F

schläft wieder Haus
Tag Nacht
schläft Haus
und
    kein
        Orange
    bricht
        Violett

Schatten fallen ins   Haus

*N*icht Staub von Fenstern nehmen
ge bro ch enes - Herz - H aus   beschattet Straße
gebrochen - Herz - Straße Stadt

Zähler   z   der   Z   in diesem   Atemlosen
         ä   ei
         h   t
         l

diesem   Schreiten   leerer   Raum
   0
            dieses   Schreiten   das
       Atemleere   **0**   dies   nicht   fühlen

                                        Haus
SchriTTe   Straße
        R U I N   Stadt
              E

MAUD VANHAUWAERT

Nietsomhanden

Welaan,
tromgetrappeltromgeroffel

mag ik 1 pinkje
1 wijsvinger + 1 middelvinger, 1 pinkje
1 wijsvinger + 1 pinkje

https://www.vice.com/nl/article/kbkyav/een-handige-gebarentaalgids-om-alcohol-te-bestellen-in-een-belgische-kroeg

waar zijn toch de chiromanen gebleven?

chiromaantje chiromaantje
bestudeer toch mijn maanberg
voel je het dikke kussen
mijn kussen is zo dik

of doe toch maar een palmke

Stilaan,

op lege togen die nog plakken
hangt het onze kelen uit

we weten geen blijf   MET ONZE HANDEN
we blijven thuis   MET ONZE HANDEN
blijf verdomme   MET JE HANDEN
(zwarte handen witte handen roze palmen)
THUIS

wanneer kan ik nog eens de nacht
aanlengen tot hij doorzichtig wordt

roffelderoffelderoffelde
hoe kan ik een gemakkelijk en toch indrukwekkend ogend ritme maken met mijn handen.nl

zeg Jespers, wat raad jij aan?
alles behalve handwriting, doe desnoods Avenir!

O

op de Avenue van de Avenir buitelen oranje acrobaten

nietsindehanden nietsindemouwen
nietsvoorhanden nietsomtevouwen
nietsomhanden nietsomteshowen

1.   Maak je handen nat met water
2.   Gebruik voldoende zeep (of gel van de Hema)
3.   Wrijf handpalm tegen handpalm (of gel van den apotheker)

4.   Wrijf met gekruiste vingers je rechterhandpalm over je linkerhandrug en omgekeerd
                                   (gel van den apotheker stinkt maar is de beste)
5.   Wrijf handpalm tegen handpalm met gekruiste vingers

                                                             wanneer is de nacht niet meer
                                                            zo gedrongen fouilleert het maanlicht
                                                            mijn lichaam niet zo steriel en bleek
                                                            als latex om een vreemde hand getrokken

6.   Wrijf met de achterkant van je vingers tegen je handpalm heen en weer
7.   Maak cirkels met je linkerduim in je rechterhand en omgekeerd
8.   Maak cirkels met je vingertoppen in je handpalm

buitelen de oranje acrobaten nog in de Hema

9.   Spoel je handen goed af met water
10.   Droog je handen met een wegwerpdoekje (ge zijt zelf een wegwerpdoekske)
11.   Draai de kraan toe met het doekje (stop ta toekske in u

O

want wie zich verliest in de taal, wint verbeelding voor het leven
het kan zo op een tegel
wie zal hier over honderd jaar zijn hoofd nog op breken

hoe kan ik mijn zelfverzonnen spreuk in een tegeltje laten bakken.nl

DICTATUUR VAN DE NERVATUUR

elke levenslijn loopt krom, toe, raak mij aan

12.   Je handen zijn nu proper

Komaan,

klappen maar.

MAUD VANHAUWAERT

Allehändenixzutun

Mach schon,
trommelgewirbeltrommelgestöber

bitte 1 kleinen Finger
1 Zeigefinger + 1 Mittelfinger, 1 kleinen Finger
1 Zeigefinger + 1 kleinen Finger

https://www.vice.com/nl/article/kbkyav/ein-praktischer-gebaerdenfuehrer-um-in-einer-belgischen-kneipe-alkohol-zu-bestellen

wo sind doch die Chiromanten geblieben?

kleiner Chiromant, mein Chiromäntelchen
schau dir meinen Mondberg an
wie ein dickes Kissen
fühl mein dickes Kissen

oder doch lieber 1 Zeigefinger auf Handfläche ein Palm

Jetzt schon,

auf leeren Barhockern, die noch kleben
hängt es uns aus den Hälsen

wir wissen nicht wohin   MIT UNSEREN HÄNDEN
wir bleiben daheim   MIT UNSEREN HÄNDEN
bleib verdammt nochmal   MIT DEINEN HÄNDEN
           (schwarze Hände weiße Hände rosa Handflächen)
                            DAHEIM

wann kann ich noch einmal die Nacht
strecken bis sie durchsichtig wird

tamtadatamtadatamtamtam
wie kann ich einen simplen aber doch beeindruckenden rhythmus mit meinen haenden machen.nl

sag Jespers, was kannst du empfehlen?
     alles außer Handschrift, notfalls Avenir!

O

auf der Avenue Avenir purzeln orange Akrobaten

nixindenhänden nixindentaschen
nixinderhinterhand nixumzunaschen
allehändenixzutun nixzuerhaschen

1.   Mach dir die Hände mit Wasser nass
2.   Benutze ausreichend Seife (oder Gel aus dem Kaufhaus)
3.   Reibe Handfläche gegen Handfläche (oder Gel aus der Apotheke)

4. Reibe mit verschränkten Fingern die rechte Handfläche über den linken Handrücken und umgekehrt
                             (das Gel aus der Apotheke stinkt, aber es ist das beste)
5.   Reibe mit verschränkten Fingern Handfläche gegen Handfläche

                                              wann ist die Nacht nicht länger
                                              so bedrückt tastet das Mondlicht
                                              meinen Körper nicht mehr steril und bleich ab
                                              wie Latex über einer fremden Hand

6.   Reibe mit der Rückseite deiner Finger hin und her über die Handfläche
7.   Ziehe Kreise mit dem linken Daumen in der rechten Hand und umgekehrt
8.   Ziehe Kreise mit den Fingerspitzen in der Handfläche

purzeln die orange Akrobaten noch durchs Kaufhaus

9.   Spüle deine Hände gründlich unter Wasser ab
10.   Trockne dir die Hände mit einem Einwegtuch (bist mir auch so'n Wegwerfdings)
11.   Drehe den Hahn damit zu (den Lappen kannste dir in den A

                                                     O

denn wer sich in der Sprache verliert, bekommt Fantasie fürs Leben geschenkt
kann direkt so auf eine Dekokachel
wer wird sich daran in hundert Jahren noch den Kopf zerbrechen

                wie kann ich mein selbsterfundenes zitat auf eine kachel brennen lassen.nl

DIKTATUR DER ADERUNG

                    jede Lebenslinie krümmt sich, los, berühre mich

12.   Deine Hände sind jetzt sauber

Komm schon,

                                klatschen.

                                                                             Übersetzung: Stefan Wieczorek

MAUD VANHAUWAERT TIPT:
MAUD VANHAUWAERT EMPFIEHLT:

Hugo Brandt Corstius (Battus)
Opperlans! Taal- & letterkunde

Querido 2002

Als dichter ben ik enorm geïnspireerd door en schatplichtig aan *Opperlans!*, een monumentaal werk van Battus, pseudoniem van Hugo Brandt Corstius. Het is niet makkelijk om dat werk te omschrijven. Ik noem het 'een encyclopedie van fantastische nutteloze weetjes over onze Nederlandse taal'. Corstius had het zelf over 'Nederlands met vakantie' en 'recreataal'.

In het lijvige boek vind je lijstjes van anagrammen, palindromen en ook minder gekende fenomenen als isogrammen, pangrammen en homografen. Corstius verzon zelf namen voor heel wat taalkundige fenomenen. Zo noemde hij een woord dat toevallig andere woorden in zich draagt die onderling tegenstrijdig zijn 'basaltwoorden', zoals 'werk-lui', 'zee-land' en 'vol-ledig'. Het is een boek waarin de taal niet wordt ingezet als medium om iets te vertellen, maar wordt gevierd omwille van zichzelf.

De ijver waarmee Corstius in de taal is gedoken om vandaaruit de wonderlijkste schatten op te vissen vind ik indrukwekkend en bijzonder ontroerend. Dit boek staat in mijn boekenkast naast de Dikke Van Dale. Daar waar het woordenboek mij helpt om betekenissen op te zoeken, helpt *Opperlans!* mij net om betekenis los te laten, om mij als dichter vrijelijk te kunnen bewegen in de oh zo grenzeloze taal.

Opperlans! inspiriert mich immer wieder. Diesem gewaltigen Werk von Battus, ein Pseudonym, hinter dem sich der Schriftsteller und Wissenschaftler Hugo Brandt Corstius verbirgt, verdanke ich sehr viel. Es ist gar nicht so einfach, dieses Buch zusammenzufassen. Ich nenne es gerne »eine Enzyklopädie unglaublich nutzlosen Wissens über die niederländische Sprache«. Corstius selbst sprach von »Erholsprache« und »Niederländisch auf Urlaub«.

In dem umfangreichen Werk findet man zahlreiche Listen mit Anagrammen, Palindromen und auch weniger bekannten Formen wie Isogramme, Pangramme und Homographen. Corstius hat auch selbst Namen für unzählige sprachliche Phänomene erfunden. So nannte er Wörter, die (zufällig) andere, sich widersprechende Wörter beinhalten, Basalt-Wörter. (Anm.: Durch Verschieben der Silbengrenze lässt sich »basalt«, das zunächst einmal das entsprechende Gestein meint, im Niederländischen als »bas-alt« lesen, also einer Kombination zweier sich ausschließender Stimmlagen.) Solche Basalt-Wörter sind beispielsweise »Wahlpflicht«, »Seeland« oder »Hassliebe«. In *Opperlans!* wird Sprache nicht als Medium der Mitteilung eingesetzt, sondern um ihrer selbst willen gefeiert.

Die Getriebenheit, mit der Corstius sich in die Sprache versenkt hat, mit der er die wundersamsten Schätze geborgen hat, finde ich nicht nur beeindruckend, sondern auch anrührend. Sein Buch steht in meinem Regal direkt neben dem Großen Van Dale, dem Wörterbuch. Wo dieses mir hilft, Bedeutungen zu ergründen, hilft *Opperlans!* mir dabei, mich von Bedeutung wieder lösen zu können, damit ich mich als Dichterin frei in dieser ach so grenzenlosen Sprache bewegen kann.

Übersetzung: Stefan Wieczorek

TRI MARAN

GEDICHTE ÜBERSETZUNGEN
KOOPERATIONEN

GEDICHTEN VERTALINGEN
SAMENWERKINGEN

JOSÉ F. A. OLIVER
MAUD VANHAUWAERT

DEAN BOWEN
ÖZLEM ÖZGÜL DÜNDAR
ANNELIE DAVID

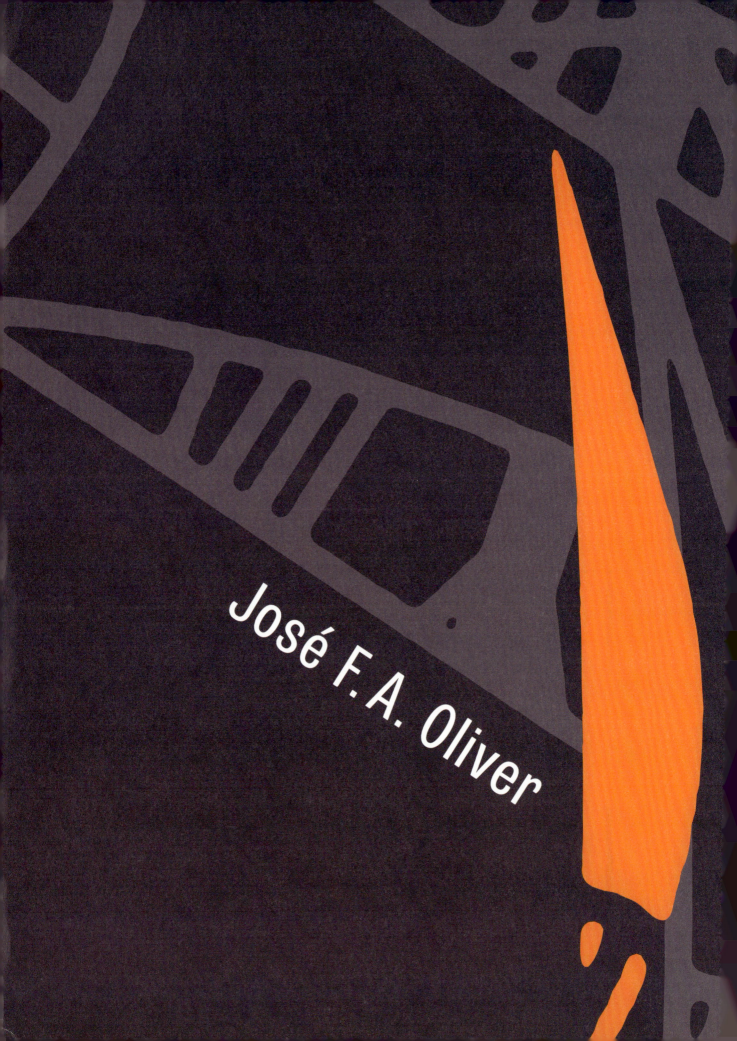

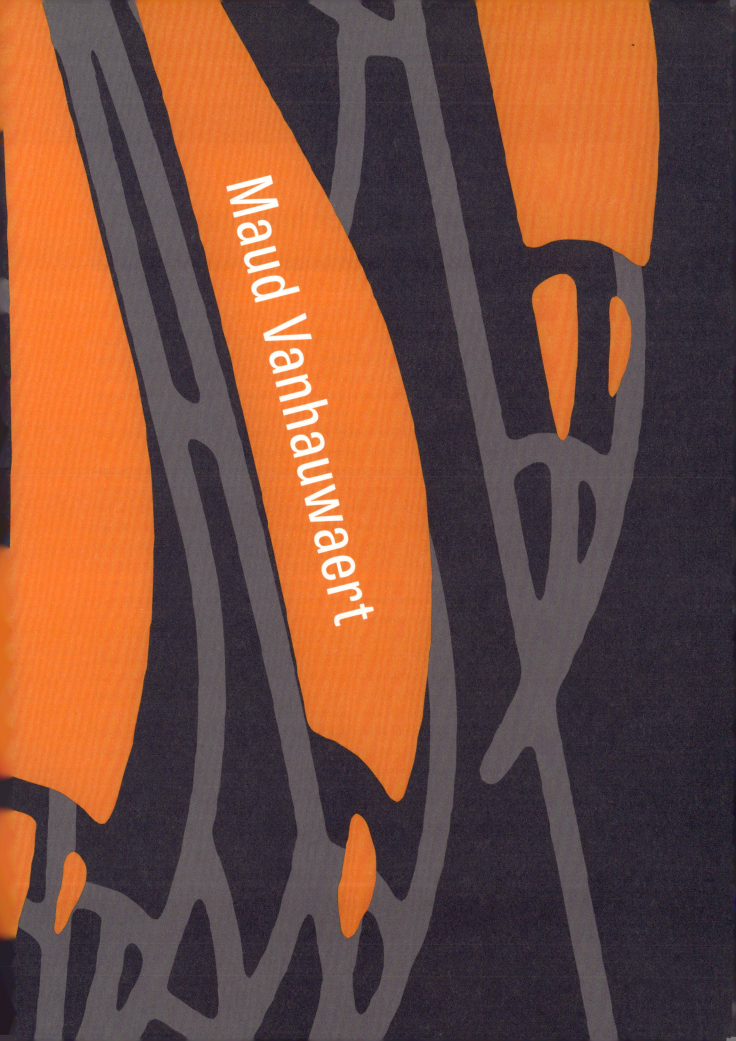

Hermetisch en toch heel open

Maud Vanhauwaert over José F. A. Oliver

H ET WAS MIJ EEN EER en een genoegen om te mogen samenwerken met José Oliver, niet alleen een bijzonder begenadigd dichter, maar ook een heel aimabel en sensibel man. Tijdens onze Zoom-sessies zag ik José zitten aan een tafel in een ietwat industrieel aandoende keuken, waar hij geregeld een sigaretje opstak. Ik zat telkens op mijn zolderkamer, aan mijn grote bureau met al te veel rommel, waar ik handig mijn webcam van wegdraaide.

Heel uitdagend vond ik het om een reeks Duitse gedichten te vertalen, want ook al versta ik hier en daar wel een zinsnede, ik spreek de taal niet. Onze gesprekken voerden we in een mengeling van Duits, Nederlands, Engels, en niet onbelangrijk: mimiek en handgebaren. Ik heb de meertaligheid van onze gesprekken nooit als een hindernis ervaren maar, integendeel, als een verrijking. Des te meer omdat meertaligheid een belangrijke rol speelt in het werk van José, wiens Andalusische roots doorklinken in zijn verzen. Zijn gedichten zijn schuifjes waarmee hij hele werelden in verschillende talen en registers opentrekt.

Bij een eerste lezing van José's gedichten viel mij meteen het bijzonder gebruik van leestekens op. Door het plaatsen van een leesteken in een woord toont hij dat je dat woord op twee manieren kunt lezen. Zo verwijst 'D:ich' zowel naar 'Dich' als naar 'Ich'. Tijdens een optreden geeft José dit aan door de twee variaties voor te lezen. Zijn gebruik van interpunctie vond ik niet alleen fascinerend, het heeft mij ook geïnspireerd bij het schrijven van ons gezamenlijke gedicht. Daar paste ik dezelfde techniek toe in het laatste woord 'zw:erven'.

Maud Vanhauwaert over José F. A. Oliver

Ik wil José danken voor zijn openhartigheid tijdens onze gesprekken en zijn niet aflatende pogingen om antwoorden te geven op mijn vele vragen tijdens het vertaalproces. Sommige gedichten deden mij aanvankelijk als heel hermetisch aan, maar José toonde mij dat ze eigenlijk net heel open zijn. Hij geeft de lezer (en dus ook mij als vertaler) bijzonder veel ruimte tot eigen interpretatie.

Ook wil ik graag Stefan Wieczorek en Christoph Wenzel bedanken die ons ontzettend geholpen hebben tijdens het vertaalproces, en tijdens Zoomgesprekken niet alleen als tolk fungeerden, maar vaak ook geniale suggesties deden. De momenten waarop we, elk in onze eigen werkruimte, met zoveel fysieke afstand tussen ons, samenkwamen in dat moment waarop we – eureka! – de best mogelijk vertaling vonden voor een woord, heb ik als niets minder dan magisch ervaren.

Noten van de vertaler   Maud Vanhauwaert

1. De dichter gebruikt in zijn werk heel wat neologismen. Ik heb telkens geprobeerd om equivalenten te zoeken in het Nederlands. Het Duits leent zich echter iets makkelijker tot het maken van nieuwe woorden. Daar waar het equivalent te geforceerd aanvoelde, opteerde ik voor een eenvoudige parafrasering.

2. De dichter gebruikt het dubbelepunt op een heel eigen manier. Het leesteken geeft aan dat er in het woord nog een ander woord vervat zit. *w:orte* bijvoorbeeld, verwijst zowel naar *worte* als naar *orte*. Hier en daar voegde ik een schuine streep toe, om aan te geven dat je het woord met twee verschillende letters kunt invullen. In het woord *w:andel/re* bijvoorbeeld (uit het eerste gedicht 'pas de deux') zit zowel het woord *wandel* als *andere*.

3. De woorden *Welt* (in het gedicht 'pas de deux') en *Willkommenskultur* (in het gedicht 'langs het zevende woord') vertaalde ik niet, maar nam ik over in de Nederlandse versie. *Willkommenskultur* verwijst op ironische wijze naar de zogenaamde gastvrijheid van de Duitse maatschappij ten opzichte van nieuwkomers.

4. De titel van het gedicht 'loof van Nürtingen' verwijst naar de geboorteplaats van Hölderlin. Het gedicht 'zwarte wouw' verwijst naar Hölderlins gedicht 'Der Adler'. De geciteerde verzen liet ik in het Duits staan. Het gedicht 'cuando yo me muera laat mij dan' begint met een versregel van Federico García Lorca.

Hermetisch und doch weit offen

Maud Vanhauwaert über José F. A. Oliver

MIT JOSÉ OLIVER zusammenarbeiten zu dürfen, war mir ein Vergnügen und eine besondere Ehre. Denn er ist nicht nur ein begnadeter Dichter, sondern auch ein sehr liebenswürdiger und feinfühliger Mensch. José saß bei unseren Zoom-Treffen immer in einem Küchenraum, der einen fast industriellen Charme ausstrahlte. In regelmäßigen Abständen zündete er sich eine Zigarette an. Ich hockte an meinem großen Schreibtisch im Dachzimmer. Jedes Mal schaffte ich es irgendwie, das Durcheinander dort oben mit einem Schwenk der Webcam auszublenden.

Es war eine echte Herausforderung für mich, Gedichte aus dem Deutschen zu übersetzen, denn ich verstehe zwar hier und da eine Formulierung, aber die Sprache beherrsche ich keineswegs. Unsere Gespräche führten wir daher in einem Kauderwelsch aus Deutsch, Niederländisch und Englisch sowie – und das ist nicht unwichtig: Mimik und Gesten. Diese Vielsprachigkeit unseres Austauschs habe ich nie als Hürde erlebt, im Gegenteil, sie war eine Bereicherung. Insbesondere, weil Mehrsprachigkeit in den Texten von José eine große Rolle spielt. Seine andalusischen Wurzeln klingen in seinen Versen durch. Josés Gedichte mit ihren Sprachen und Registern sind wie kleine Schubladen, die er aufzieht und dabei ganze Welten offenbart.

Schon bei der ersten Lektüre seiner Gedichte fiel mir der außergewöhnliche Einsatz der Interpunktion auf. So macht er durch die Setzung eines Doppelpunkts innerhalb eines Wortes deutlich, dass man das Wort auf zwei unterschiedliche Arten lesen kann: »D:ich« verweist beispielsweise sowohl auf »Dich« als auch auf »Ich«. Bei Lesungen unterstreicht José dieses sprachliche Verfahren, indem er beide Lesarten vorträgt. Sein Umgang mit Interpunktion hat mich nicht nur fasziniert, sondern während des Schreibens unseres gemeinsamen Gedichts auch inspiriert. Im letzten Wort des Gedichts habe ich mir Josés Setzung des Doppelpunkts zu eigen gemacht.

Maud Vanhauwaert über José F. A. Oliver

Ich möchte José für seine Offenherzigkeit während unserer Gespräche danken, auch für seine nicht nachlassende Bereitschaft, meine zahlreichen Fragen im Laufe des Übersetzungsprozesses zu beantworten. Manche der Gedichte schienen mir zu Beginn sehr hermetisch, aber José zeigte mir, dass sie eigentlich weit offenstehen. Er gibt den Leser*innen (also auch mir als Übersetzerin) einen großen Spielraum für eigene Lesarten.

Bedanken möchte ich mich auch bei Stefan Wieczorek und Christoph Wenzel, die uns während des Übersetzungsprozesses sehr geholfen haben; nicht nur, weil sie während der Zoom-Gespräche dolmetschten, sondern auch, weil sie häufig geniale Vorschläge machten.

Die Augenblicke, in denen wir, jeder im eigenen Zimmer, mit großer körperlicher Distanz zwischen uns, uns in dem *einen* Moment trafen, in dem wir – Heureka! – die bestmögliche Übersetzung fanden, waren nicht weniger als magisch.

Übersetzung: Stefan Wieczorek

Anmerkungen der Übersetzerin
Maud Vanhauwaert

1. José Oliver verwendet in seinen Gedichten häufig Neologismen. Ich habe an diesen Stellen versucht, Entsprechungen im Niederländischen zu finden. Allerdings eignet sich das Deutsche wohl etwas besser dazu, neue Wörter zu erschaffen. Dort, wo eine Entsprechung zu artifiziell anmutete, entschied ich mich daher für eine einfachere Paraphrase.

2. José Oliver verwendet den Doppelpunkt auf eine ganz eigene Weise. Das Satzzeichen signalisiert, dass das jeweilige Wort noch ein anderes Wort in sich birgt. *w:orte* beispielsweise verweist sowohl auf *worte* als auch auf *orte*. Gelegentlich fügte ich einen Schrägstrich ein, um zu markieren, dass man dieses Wort mit zwei verschiedenen Buchstaben ergänzen kann. So versteckt sich im niederländischen Wort *w:andel/re* (aus dem ersten Gedicht »pas de deux«) sowohl das Wort *wandel* als auch das Wort *andere*.

3. *Welt* (im Gedicht »pas de deux«) und *Willkommenskultur* (im Gedicht »am siebten wort entlang«) habe ich nicht übersetzt, sondern übernahm sie als Lehnwörter ins Niederländische. *Willkommenskultur* verweist dabei ironisch auf die »Gastfreundschaft« der deutschen Gesellschaft gegenüber Flüchtlingen.

4. Der Titel von »Nürtinger laub« spielt auf den Geburtsort Hölderlins an. Im Gedicht »schwarzmilan« klingt Hölderlins Gedicht »Der Adler« an. Die zitierten Verse beließ ich auf Deutsch. Der Text »cuando yo me muera lasst mich« beginnt mit einem Vers von Federico García Lorca.

pas de deux

ich könnte sagen ich bin traurig wie ein meer im hafen Du
würdest sagen ruf die sonne in den verwaisten zeugenstand Ich

könnte sagen ich fühl den mund der sachten einsamkeiten Du
würdest sagen der küchenstuhl der küchenstuhl Ich

könnte sagen ich bin vernarbt aus zärtlichstunden Du
würdest sagen das wort ist niemals frei von fluchten Ich

könnte sagen ich hab gezähmte angst vor furcht Du
würdest sagen das kind ist quell und schacht zugleich Ich

könnte sagen ich liebe dich Du
würdest sagen wer streichelt deine wunderschmerzen Ich

könnte sagen der tod wird immer uns-präsenter Du
würdest sagen er hat doch einfach nur sein amt Ich

könnte sagen wie lebt es sich als krieger Du
würdest sagen mach scheu dein eigenwild Ich

könnte sagen wie mütter väterschauen in den vätern Du
würdest sagen der atem verschnürt die atemzüge Ich

könnte sagen hörst du mir manchmal wirklich zu Du
würdest sagen nimmt dich dein mund nicht auch ans ohr Ich

könnte sagen leibgeld & welt verreimt sich pur Du
würdest sagen das dichten ist ihr elendsschnitt Ich

könnte sagen du bist mir lust & zeitmetapher Du
würdest sagen auch uhren sind nur nackte füße Ich

könnte sagen das brot, aber das brot ist alt Du
würdest sagen das letzte hemd ist leer vor taschen Ich

könnte sagen du wiederholst dich mir in dir & mir Du
würdest sagen die tage bündeln jede nacht Ich

könnte sagen du hast doch keine ahnung von meinen w:anderstiefeln Du
würdest sagen dein schwalbenherz dein schwalbenherz Ich

könnte sagen die flügel haben wunde knie Du
würdest sagen die hand spürt alle eitelkeiten auf Ich

könnte sagen ich träum nichts mehr als D:ich Du
würdest sagen auch illusionen kennen letzte weiden Ich

könnte sagen wo sind weshalb wieso warum Du
würdest sagen vergiss die antwortfragen Ich

könnte sagen erklär mir dies gedicht Du
würdest sagen 1 + 1 = 1 & ungleich 1 Ich

könnte plötzlich nichts mehr sagen Du
würdest sagen, nun denn – da capo! Ich

könnte sagen – also gut! Du
würdest sagen schweig und tanz

tanz her die w:andersprache
& küsse mich

José F. A. Oliver — Gedichte | Gedichten

ik zou kunnen zeggen ik ben droevig als een zee in de haven Jij
zou zeggen roep de zon op naar de verweesde getuigenbank Ik

zou kunnen zeggen ik voel de mond van zachte eenzaamheden Jij
zou zeggen de keukenstoel de keukenstoel Ik

zou kunnen zeggen ik sta vol littekens uit weke uren Jij
zou zeggen het woord is nooit vrij van vluchten Ik

zou kunnen zeggen ik heb getemde angst voor schrik Jij
zou zeggen het kind is bron en put tegelijkertijd Ik

zou kunnen zeggen ik hou van jou Jij
zou zeggen wie streelt jouw wonderpijnen Ik

zou kunnen zeggen de dood leeft steeds meer in ons Jij
zou zeggen hij doet toch gewoon zijn job Ik

zou kunnen zeggen hoe is het om krijger te zijn Jij
zou zeggen maak je eigenwild schuw Ik

zou kunnen zeggen hoe moeders vaders in de vaders zien Jij
zou zeggen de adem versmoort de ademteugen Ik

zou kunnen zeggen luister je soms wel eens echt naar mij Jij
zou zeggen neemt je mond je niet ook bij het oor Ik

zou kunnen zeggen lijfgeld en *Welt* rijmen op elkaar Jij
zou zeggen het dichten is *haar* ellendeschel Ik

zou kunnen zeggen jij bent mijn lust & tijdmetafoor Jij
zou zeggen zelfs klokken zijn maar blote voeten Ik

zou kunnen zeggen het brood, maar het brood is oud Jij
zou zeggen het laatste hemd heeft geen zakken Ik

zou kunnen zeggen je herhaalt je voor mij in jou & mij Jij
zou zeggen de dagen bundelen elke nacht Ik

zou kunnen zeggen je hebt toch geen idee van mijn w:andel/re laarzen Jij
zou zeggen je zwaluwhart je zwaluwhart Ik

zou kunnen zeggen de vleugels hebben gewonde knieën Jij
zou zeggen de hand spoort alle ijdelheden op Ik

zou kunnen zeggen ik droom van niets anders dan van m/jij Jij
zou zeggen ook illusies kennen laatste weiden Ik

zou kunnen zeggen waar zijn hoezo vanwaar waarom Jij
zou zeggen vergeet de antwoordvragen Ik

zou kunnen zeggen leg me dit gedicht uit Jij
zou zeggen 1 + 1 = 1 & niet gelijk aan 1 Ik

zou plotseling niets meer kunnen zeggen Jij
zou zeggen, welnu – da capo! Ik

zou kunnen zeggen – oké dan! Jij
zou zeggen zwijg en dans

dans hier de w:andel/re taal
& kus me

pas de deux

am siebten wort entlang

septembersonne auf der haut
weit von den kindheitsbildern entfernt / 1 gartenzwerg

erstarrt im victory-zeichen
& schweigt (wie immer)

die blätter färben sich schwarz(rotgold)
in die willkommenskultur des winters

Für Ana Rosa

langs het zevende woord

septemberzon op de huid
ver weg van de kindertijdfoto's / 1 tuinkabouter

verstijft in het overwinningsteken
& zwijgt (zoals altijd)

de bladeren kleuren zwart (roodgeel)
in de *willkommenskultur* van de winter

Voor Ana Rosa

Nürtinger laub

    1 birkenblatt
    gelb lichtrand-
    zittern. Welt & vers

    & nicht zu sagen. Trost
    im erdvertrauten. Doch

loof van Nürtingen

    1 berkenblad
    geel lichtrand-
    trillend. Wereld & vers

    & niet te zeggen. Troost
    in het aardse. Toch

schwarzmilan

mein vater ist gewandert, auf dem Gotthard,
nicht und doch
verlog er sich die arbeitshände
unterm fremden schnee. Er sagte
es ist kalt die lügen kälter und jahre später
verlor er auch die sprache
ans gemachte eis der migration

einander schauend   : neineinander
er und seine hände und stummpoliert die frage

wohin bleiben wir? Danach

war tod und d:ort

wirst du ihn finden. Hier

zwarte wouw

mein vater ist gewandert, auf dem Gotthard,
niet en toch
verloog hij zijn werkhanden
onder vreemde sneeuw. Hij zei
het is koud de leugens kouder en jaren later
verloor hij ook de taal
aan het kunstmatige ijs van migratie

einander schauend   : geeneenander
hij en zijn handen en doofgepolijst de vraag

waarheen blijven we? Daarna

was er dood en daar

zul je hem vinden. Hier

wären	waren
die vielsätze nicht so abgedroschen	de platitudes niet zo platgetreden
ich würde dir einen bärenhunger reichen	dan gaf ik je een berehonger
nach w:orten, die 1 du in sich trügen	naar w:oorden, die 1 jou in zich droegen
holte ich dir ausschließlich spatzen	bracht ik alleen mussen
in die hand & sänge	naar je hand & zong
von der freiheit der vögel / legte	van de vrijheid van vogels / legde
ich dir k:ein ei ins nest / käme ich	ik je g:een ei in het nest / kwam ik
vom regen in die traufe & ich spräche	van de regen in de drop & ik sprak
lauter zauberformeln in die äpfel & stämme	louter toverformules uit in appels & bomen
der hilflosigkeiten & unerwarteten w:orte	van hulpeloosheden & onverwachte w:oorden
wie vergebliche blätter	als vergeefse bladeren

---

cuando yo me muera lasst mich	*cuando yo me muera* laat mij dan
den tod als frau empfangen / ihr	de dood als vrouw ontvangen/ haar
die gläsernen lippen ihm	glazen lippen voor hem
schließen. Es wird	sluiten. Alles
alles ungesagt verb:leiben	zal ongezegd b:lijven
cuando yo me muera lasst mich	*cuando yo me muera* laat mij dan
von ihr zurückberufen w:erden ihm //	gedagvaard door haar, aarden voor hem //
jedes gedicht / ist	elk gedicht / is
sterbeschrift genug & tod	een sterfschrift & dood
& weiß	& wit

**juli-
dämmer & 1 leiser rausanfter**

windstoß windsterben todwind schließl
ich 1 kuss-
mundmann & fremd die not
die halsschnürt & den herzlaib
schneidet
wie in schnitter schnittw:und / kein ent
kommen, aber
deine *süßnacht*

**juli-
schemer & 1 stille rauwzachte**

windstoot windsterven doodwind uiteindel
ik 1 kus-
mondman & vreemd de nood
die halswurgt & het hartenbrood
snijdt
als in man-met-de-zeis snijwond / ge:en ont
komen, maar
jouw *zoetenacht*

nachösterlich, nachösterl:
ich, kastanienblatt
& schimmernetzend kinds

gef:ährten hinterrücks

der nieselregen schutzaugust / bald aufgehoben. Die stütz-
radw:orte aus milch & schlachtfestmorgen, *s metzge*
im sommertaugedächtnis gras 1 winter widerstand

die HERZENSWÄRME aus geist & sinn, auf-
bäumungsklar wie frischer schnee
der fällt & luft-

hautfensternächtens sprossen brisenflocken
1 sanfter zartschlaf - der tod *el muerte, ertapptes* herr
schen war sehr weit noch, weit // geschlechterloses

der erste wirksam wahrgebrachte herbst / er stach
ein m:ahnen aus, noch ungerichtet // novemberblätter
sie wurden erdschrift // sind

ganzjährig zweitgeburten, zufluchtswaise

napaselijk napasel:
ik, kastanjeblad
& natglanzend van kinds af

met m:akkers achter de rug

de motregen beschutaugustus / weldra opgeheven. De steunwiel
w:oorden van melk & slachtfeestochtend, *slagtbankerij*
in zomerdauwherinnering gras 1 winter weerstand

het HARTVERWARMENDE van geest, zacht-
dwarsbomend als verse sneeuw
die valt & uit lucht-

huidvensternachtelijk ontsproten briesjesvlokken
1 zachte tedere slaap - de dood *el muerte, betrapt* heer
sen was heel ver nog, ver // geslachtloos

de eerste werkzame waargebrachte herfst / hij stak
verma/enend uit, nog ongericht // novemberbladeren
ze werden aardschrift // zijn

het hele jaar door tweedgeborenen, toevluchtwezen

José F. A. Oliver — Gedichte | Gedichten

~~wir vs. virus~~. Jeder gedanke
1 ritt auf der rasierklinge // jedes wort
1 w:ortsmanöver
(*it's over; it's over; it's all over, now*). Was ist

ein poetischer augenblick? 1 hörsturz
STILLE? Da sch:reibt jemand
von den nachtampel-
intervallen (zeitmesser oder ordnungsregeln) // kalt-
poetisches
ROT GELB (?) [mit frage-
zeichen] & GRÜN, *er
laubtes* laub   laut-
raubstille & die straßen sind
fastleer~~stellen~~ linien-
zweige & ausschütten
bäume fühl-
verästelungen & lichtkreu
zungen // wir
im eigenen wolfsmaul; im vereigneten wolfsmaul-
hunger tapsen, eigen eigen
wie in schw:eigen

~~wij vs. virus~~. Elke gedachte
1 rit op het scheermes // elk woord
1 w:oordmanoeuvre
(*it's over; it's over; it's all over, now*). Wat is

een poëtisch moment? 1 gehoorsverval
STILTE? Daar sch/wrijft iemand
over de nachtelijke verkeerslicht
intervallen (tijdmeters of orderegels) // koud
poëtisch
ROOD GEEL (?) [met vraag-
teken] & GROEN, *gij
oorloofd* loof   luid-
roofstilte & de straten zijn
bijna-leeg-~~plekken~~ aftakkings-
lijnen & uitreiken
bomen voel-
splitsingen & lichtkruis-
punten // wij
in onze eigen wolfsmuil; in onze vereigende wolfsmuil-
honger waggelen eigen eigen
als in zw:ijgen

Übersetzung/Vertaling: Maud Vanhauwaert
Interlinearfassung/Interlineaire vertaling: Ard Posthuma

ÜBERSETZER*INNEN-SPUREN sind die abenteuerlichsten Fähr(t)en, die ich in meinem Wörterleben immer wieder gerne als Pfade aufnehme, indem ich sie gehe, in Klang und Rhythmus wage. Aufgehoben bin in den so phantastischen W:anderschriften. Oft unverhofft, manchmal aber auch seit Jahren einen Wunsch hegend, schließlich konkreter geplant. Mein Nomadendasein erlaubt mir das Wagnis und die damit verbundene Gefahr, das nicht wirklich zu Begreifende, anmunden zu lassen.

Gibt es etwas Schreiberfüllenderes als in die Geheimnisse einer anderen Sprache hineinzulauschen, ihre Botschaften ins Eigene weiterzutragen und Sprachen w:erden zu dürfen? Nein. In doppelter Bedeutung NEIN.

Ich spreche kein Niederländisch. Indes durfte ich in dieser Sprache reisen, weil mir ein großartiger Interlinearübersetzer als Fährmann ein entspanntes Navigieren erlaubte – Stefan Wieczorek. Danke! Erst durch ihn konnte ich mich auf die wunderbare Maud Vanhauwaert einlassen, ihre Gedichte betrachten und diese so berührenden Klangtexte voller Bilder – T:raum und Wundbilder – in meinen Sprech- und Sprachhafen vor Anker gehen lassen. Auch im Alemannischen meines Südens. Die Arbeit in und aus ihren Gedichten setzte Verse frei, wie unsichtbare Segel gesetzt werden, um immer aufzubrechen, ins Mehr an Sprache. Ablegen und Anlanden in einem.

José F. A. Oliver Maud Vanhauwaert

VERTALERS-SPOREN zijn de avontuurlijkste (over)tochten die ik in mijn woordenleven telkens weer graag als pad opneem, door ze te gaan, in klank en ritme te wagen. Opgeheven te zijn in die fantastische voetg:andersgeschriften. Vaak onverhoopt, maar somtijds al jaren als wens gekoesterd, ten slotte concreter gepland. Mijn nomadenbestaan staat mij het waagstuk toe en het daarmee verbonden gevaar om wat niet werkelijk begrijpelijk is aan te laten monden.

Is er iets wat schrijvervullender is dan met de geheimen van een andere taal mee te luisteren, haar boodschappen in het eigene verder te vertellen en talen te m:ogen worden? Neen. In tweeledige betekenis NEEN.

Ik spreek geen Nederlands. Evenwel mocht ik in deze taal op reis gaan, omdat een ontspannen navigeren mij mogelijk werd gemaakt door een grandioze interlineaire vertaler – Stefan Wieczorek. Dankzij hem kon ik mij pas met de wonderbaarlijke Maud Vanhauwaert inlaten, haar gedichten betrachten en deze zo treffende klankteksten vol beelden – droom- en wondbeelden – in mijn spreek- en spraakhaven voor anker laten gaan. Zo ook in het Alemannisch van mijn zuiden. Het werk in en uit haar gedichten maakte verzen vrij zoals onzichtbare zeilen gezet worden, om telkens op te breken, naar een meer van taal. Afleggen en aanlanden ineen.

Vertaling: Jan Sietsma

José F. A. Oliver über | over Maud Vanhauwaert

José F. A. Oliver

Vertaling: Jan Sietsma

wort**wechs** *el* **deutsch für fremdsprachler*   innen**
(ein aufführbares Geh_dicht für mehrere Stimmen)

woord**wiss** *el* **Duits voor vreemdtalers**
(een uitvoerbaar ga_dicht voor meerdere stemmen)

Für Maud Vanhauwaert

Voor Maud Vanhauwaert

ich stehe lieber an einer **er**dbeerampel
als ein befehlsgrün abzuschl:eichen   - hä?

ik sta liever bij een perz**IK**stoplicht
dan er bevelsgroen omheen te sluipen   - huh?

eine mut-sensible sonnenb**lumen**nase
kennt ihren vollm:und auch im schatten   - mhm…

een moed-sensible orch**idee**ëneus
herkent zijn vollemond zelfs in deem:ster   - hmm…

ich höre lieb**er** auf & weiter:**ES**, etc.
als am weltgehör vorbeizudrechseln   - ah!

ik houd beter stil & wat dies meer **ZIJ**, enz.
dan aan het werel:door te draaien   - ah!

fuchsien versus gänseblüm*chen*?
ich grinse lieber süd**!**kameliensanfter   - nee!

fuchsia's versus ganzenbloemetjes?
ik grijns liever zuid**!**cameliazachtjes   - nein!

ich fühl' mich **au(!)**ch vom k**nie** gedacht
und nicht als w:undlogistisches geschlunsel   - wow!

ik v**oe(!)**l mij ook door een k**nie** gedacht
en niet als wondlogistische m:engelzooi   - wow!

wo der *tochthond* einer **haus**tür schutz zu stopft
ist ein k**alt**luftstopper **au(!)**ch im bildgewebe   - aha!

waar de *tochthond* van een huisdeur voor schut ligt
t**oe(!)**ft ook een *kaltluftstopper* in het beeldenweefsel   - aha!

ich gehe vorzugsh**alb**er lieber *zumwärts fort & ab*
als internettl:ich, um nicht abgezoomt zu w:erden   - na!

ik ga verkies:lijk liever *zomaarts voort & heen*
dan internet**je**s, om niet afgezoomd te w:orden   - ah!

meine maus? hat selten furcht vor katzenpfoten
aber doch vor amts**vers**teiften ärmel**schon**er(n)*innen   - klaro!

mijn muis? is zelden bang voor kattenpoten
maar wel voor ambts**vers**tijfde morsmouwers   - tuurlijk!

es bleibt die hand, es b:leibt die h **and**   - ¡sí!

het blijft de hand, het b:lijft de h **and**   - ¡sí!

… so ent:wir**r**ft sich **poe-**

sie, du, er & ihr im wir

… zo ont:werrpt zich **poë-**

zij, jij, hij & jullie in wij

Mirage

Ik struinde met haar door de winkelstraat
zag ons schimmig in een ruit weerspiegeld

met de haartjes op mijn armen veerden
duizenden soldaten recht, in welke bochten
wrong de geschiedenis zich niet, uit hoeveel
gesmoorde stemmen is onze stilte opgetrokken

hoe diep donker geronnen onder ons de bloedrivier
en bleek de mikado van botten

opdat ik hier samen met haar, opdat zij niet
van mij losgescheurd en op een trein gezet
opdat wij arm in arm in een winkelstraat domweg
een plantje kunnen kopen voor ons nieuwe huis

wij, schemerig in de etalage, zijn de mirage
waar ooit mensen zelfs niet van durfden dromen

straks vegeteren de laatste veteranen, op wikipedia
is de oorlog netjes in hoofdstukken geklasseerd
wij vergeten hoe wankel onze wandel is, zelfs
brede straten blijken toch nog slappe koorden

ik speld een ster op haar borst, wat zeg ik, sterren
planeten, konden we de vrijheid maar gevangen nemen

Schattenbespiegelt

Ich schlenderte mit ihr durch die Einkaufspassage
und sah unsere Schatten im Schaufensterglas

mir stellten sich plötzlich sämtliche Haare
wie tausend Soldaten, in fast jedem Winkel
erspäht uns Geschichte, wie viel
Verstummte erschaffen die Stille

zu düster der Fluss aus geronnenem Blut
ein Leichenmikado aus Knochen

als dass ich mit ihr gemeinsam, als dass sie mir nicht
entrissen, in einen Güterwaggon gezerrt
als dass wir Arm in Arm einfach so
eine Pflanze für unser neues Zuhause kaufen konnten

wir, ein Leib, ein Schatten, ein Bild an Waren und Preisschild
von denen andere nicht einmal zu träumen gewagt

und die überlebten, sind auch bald Erzählung, auf Wikipedia
wird selbst der Krieg geordnet verwahrt
wir vergessen, wie brüchig die Zeiten unser Zutun begleiten, auch
breite Straßen sind nicht wirklich ein Halt

ich würde ihr einen Stern an die Brust, was sage ich, Sterne,
ganze Planeten, wäre die Freiheit damit zu greifen

Wij. hier. nu. ja

en ach, misschien zullen er ooit bergen rijzen
valleien splijten tussen ons in, zullen wij
met rookpluimen moeten seinen: weet je nog

daar. toen. wij. toch

maar zolang we niet vergeten dat er een moment
was in ons leven waarop we dachten
dit en voor eeuwig, dit heden is een eden

vinden wij ons wel weer in elkaar
en zal ik denken aan wat je ooit onbewaakt
tegen mij zei, je had het in oude psalmen gelezen

aan u gebonden ben ik vrij

Wir. hier. nun. denn

und ja, selbst dort, wo Berge sich erheben
und Täler uns entzweien, werden wir uns
Rauchzeichen geben: weißt du noch

dort. damals. wir. doch

wenn uns bewusst, dass da der eine Augenblick
der unser Leben war, an dem wir glaubten
dass alles ewig sei und dies das Paradies

sind wir unseinander eins
erahne ich, was du ganz unbedarft
wie in den Psalmen meintest

in Euch geborgen bin ich frei

Weet je nog

dat toen we die nacht in dat park
dat park met het kasteel
het kasteel met de vijver
de vijver met de eendjes
de eendjes in de lage mist

dat toen we in dat kasteel
het ene verlichte raam zagen
het raam met die gordijnen
die weerspiegeld trilden in de vijver
alsof er zich iemand achter bewoog
die maar niet slapen kon

dat we onze kleren uitdeden
en ons voorzichtig lieten zakken
in het water en wilden zwemmen
naar het licht van die droomloze
kamer om te verdwijnen
in de lege maan, de hoge mist

de lege maan, de hoge mist

Weißt du noch

in jener Nacht im Park
diesem Park mit dem Schloss
jenem Schloss am Weiher
diesem Weiher mit Enten
den Enten im Bodennebel

als wir in diesem Schloss
das erleuchtete Zimmer bemerkten
das Fenster mit den Gardinen
die sich zitternd im Weiher spiegelten
als sei da jemand gewesen
der keinen Schlaf finden konnte

als wir die Kleider abgelegt
und behutsam eintauchten uns
ins Wasser gleiten ließen
ins Licht jenes Zimmers
ganz ohne Traum, um uns zu verlieren
im bleichen Mond, im Nebel, der stieg

der bleiche Mond, der Nebel, der stieg

Maud Vanhauwaert — Gedichten | Gedichte

Wat je van mij ziet

Het is de tijd die stilstaat, wij die verstrijken
de kosmos heeft weer gelijk
alles dijt uit, wij gaan uiteen
het afscheid verlengen is niets waard
je verlengt niet de aanwezigheid, wel het vertrek
ik heb dat niet zelf bedacht, maar nu wel zelf gezegd

    dat wat je van mij ziet
    is al lang voorbij, ik ben al zoveel verder

er hangt een mist van pergamijn
als tussenbladen van een fotoboek
we bladeren door de dagen, zoeken naar elkaar
zijn hier en toch al weg, de beelden zijn vaag
of wacht: de mist is als kalkpapier
maar de ochtend overteken je niet

    dat wat je van mij ziet
    is dood, ik ben al zoveel verder

in jouw gedachten word ik groter
een ster, een rode reus die aan de binnenkant
van je oogleden brandt
maar je ziet niet hoe ik implodeer
tot een zwart gat, je zult mij niet vinden
ik ben niet meer dan een pupil

    wat je van mij ziet, is van jou nu

van een verloren blinde

Was du von mir siehst

Es ist die Zeit, die stillsteht, wir sind vergänglich
erneut hat der Kosmos recht behalten
alles wird größer, wir verschwinden
ein längerer Abschied wäre vergebens
man schafft nicht Präsenz nur Aufbruch
das stammt nicht von mir, aber ich weiß jetzt

    was du von mir siehst
    ist vorüber, ich bin vorausgegangen

was bleibt, ist Blöße, Nebelschrift
Transparentpapier im Fotoalbum
wir blättern in Tagen, suchen einander
sind hier und doch fort, in vagen Bildern
besser gesagt: nebelbedrucktes Kreidepapier
das nichts überträgt

    was du von mir siehst
    ist tot, ich bin vorausgegangen

in deinen Gedanken werde ich größer
ein Stern, ein roter Riese am Rand
der unter Augenlidern verglüht
du siehst nicht, wie ich nach innen zerfalle
ein schwarzes Loch, du wirst mich nicht finden
bin weiter nichts als eine Pupille

    was du von mir siehst, gehört nurmehr dir

in Verlust und Erblinden

Blöße Pergament ist eine nicht gegerbte, nur leicht bearbeitete Tierhaut, die seit dem Altertum auch als Beschreibstoff diente. Pergament ist damit ein Vorläufer des Papiers. Meist aus Häuten von Kälbern, Ziegen und Schafen. Die geweichten und enthaarten Tierhäute, auch ›Blöße‹ genannt, wurden luftgetrocknet. [Anmerkung José Oliver]

Ontluiken. Drieluikje

niet meer dan een welving
een zacht aanhoudend golfje

ik durf het amper uit te spreken
dat je daar nu dat wij samen ons

daar ben je wit op zwart

een echo alsof iets weerklinkt
dat er altijd al was

∎

bol als het zeil van een schip
we zitten op koers maar

voor één lichaam zijn wij teveel

ik wankel mijn zwaartepunt
zwelt aan ik ben de bocht

waarin jij je wringt straks
kan ik niet meer om je heen

∎

zwanger ben ik banger
de angst holt mij vanbinnen uit

er klinken echo's van voorvaderen
die ik nooit heb gekend nog snel

maak ik de wereld voor je klaar
jij die mij vanbinnen kent

word waar

Ausgetrieben. Tryptichon

nicht mehr als ein Gewölbtes
ein stetig sanfter Wellenschlag

ich trau mich kaum es auszusprechen
dass du da wir jetzt hier ein uns

bist mir ein weiß auf schwarz

als sei dein Echo Wiederkehr
die hier schon immer war

∎

ein windgebauchtes Segel
und wir auf Kurs indes

wir sind zu viel für einen Körper

ich taumle ein ins Kentern
in deiner Bucht gestrandet

in der auch du mir wirst
ich kann dich nicht mehr fliehen

∎

die Frucht in mir bedeutet Furcht
die Angst höhlt mich im Innern aus

im Widerhall altfremder Ahnen
die mir nicht mehr vertraut und flugs

erschaffe ich die Welt dir klar
du die du mich im Innern kennst

wirst wahr

Heim

In het huis in mij staat de piano van de buren vals
klamp ik mij vast aan het been van mijn vader
walsen we, wanneer ik weer eens niet kan slapen
in het licht van het testbeeld op tv

In het huis in mij dool ik door gangen die alsmaar langer
worden, vind ik nieuwe kamers zoals laatst een
waarin mijn grootmoeder zat te bidden tot Antonius
voor al wie ze verloren is

Ik zie weer de continenten die de schimmel schetste
op het plafond, ruik weer de hete confituur
die zienderogen in de bokalen stolt, met de lijmresten
van verschillende etiketten, zomers boven elkaar

Soms zie ik dat huis in mij in de verste velden
kan ik er met moeite scherp op stellen
dan weer plooit het zich groots en dwingend in mij open
zijn er zoveel mensen dat de muren er bol van staan

Ik sta altijd op de tocht

Soms laat het huis in mij, mij niet meer binnen
beuk ik tegen de deur, zie door het aangedampte raam
mijn familie zitten en onder tafel ik, waar ik het liefste
zat, in het oog van het kolkende geroezemoes

Het huis in het huis in mij, met de borden als hete pannen
op het dak, de benen als zuilen van mijn kleine pantheon
ik tel de voeten en blijf tellen tot ik zeker ben
dat iedereen die er moet zijn, er is

Heim

In jenem Haus in mir ist das Klavier des Nachbarn nicht gestimmt
klammere ich mich fest an die Beine meines Vaters
tanzen wir Walzer, wenn ich wieder einmal nicht einschlafen kann
im viel zu grellen Licht des TV-Testbildes

In jenem Haus in mir gehe ich durch Korridore, die immer länger
werden, entdecke ich geheime Zimmer, wie neulich eins,
in dem meine Großmutter saß und zum Heiligen Antonius betete
und um alles bat, was sie verloren hat

Ich sehe Kontinente wieder, die der Schimmel skizziert
an der Decke, rieche erneut die warme Marmelade
die in Weckgläsern abkühlt, unter den Kleberschlieren
gebrauchter Etiketten, aus Sommer und Sommer

Manchmal sehe ich jenes Haus in mir auf abgelegenen Feldern
kann ich es nur mit Mühe erkennen
dann steht es plötzlich wieder da, mächtig und klar
mit so vielen Menschen, dass sich die Wände biegen

Ich stehe wie immer im Durchzug

Manchmal lässt mich das Haus in mir nicht mehr hinein
Ich klopfe gegen die Tür, sehe durchs beschlagene Fenster
wie meine Familie um den Tisch sitzt, ich darunter, wo ich am liebsten
war, unter dem rauschenden Stimmengeraune

Im Haus, in diesem Haus in mir, mit dem heißen Hohlpfannendach
der Teller und Platten und den Tischbeinen wie Säulen meiner kleinen
                                                                Rotunde
zähle ich dann die Füße, zähle und zähle, bis ich mir sicher bin
dass alle, die hier sein müssten, auch hier sind

Ik wil je kussen	Ich möchte dich küssen
" " kussen je zwijgende mond	" " deinen Schweigemund küssen
" " je zwijgende mond	" " deinen Schweigemund
" " kussen je zwijgende mond	" " deinen Schweigemund küssen
" " je kussen om te begrijpen	" " dich küssen und begreifen
waarom je altijd maar zwijgt	warum du immer nur schweigst
met je zwijgende mond	mit deinem Schweigemund

Ik wil je kussen
  " "   kussen je zwijgende mond
  " "   je zwijgende mond
  " "   kussen je zwijgende mond
  " "   je kussen om te begrijpen
waarom je altijd maar zwijgt
met je zwijgende mond

Ik wil een vlakte
  " " " "   om te schreeuwen
  " "   dat de spreeuwen in mijn mond
  " "   schreeuwen opdat de spreeuwen
nieuwe formaties

Ik wil dat we schreeuwen in de vlakte
met open mond opdat de spreeuwen
nieuwe formaties zoeken in ons

Ik wil je kussen
  " "   kussen je zwijgende mond
  " "   je zwijgende mond
  " "   kussen je zwijgende mond
  " "   je kussen om te begrijpen

opdat ik kan denken het is normaal
dat ze zwijgt het zou zelfs vreemd zijn
als ze niet zwijgt met haar kussende mond

Ich möchte dich küssen
  "   "   deinen Schweigemund küssen
  "   "   deinen Schweigemund
  "   "   deinen Schweigemund küssen
  "   "   dich küssen und begreifen
warum du immer nur schweigst
mit deinem Schweigemund

Ich möchte eine Brache
  "   "   "   "   und lärmen
  "   "   damit das Schwärmen in meinem Mund
  "   "   lärmen damit das Schwärmen
sich neu verortet

Ich möchte, dass wir in der Brache lärmen
mit geöffnetem Mund damit das Schwärmen
etwas Neues in uns sucht

Ich möchte dich küssen
  "   "   deinen Schweigemund küssen
  "   "   deinen Schweigemund
  "   "   deinen Schweigemund küssen
  "   "   dich küssen und begreifen

dass ich weiß weshalb
sie schweigt und es seltsam wäre
wenn sie nicht schwiege mit ihrem küssenden Mund

Maud Vanhauwaert — Gedichten | Gedichte

Je moet hier blijven in de kamer
ik zal je voeden je kunt hier slapen
ik zal je wiegen een liedje hummen
dat je herkent van lang geleden
vanop de cassettes toen je met je ouders
naar het zuiden reed je gaat nergens heen

want je moet hier blijven in de kamer
die we verlichten met onze bleke lichamen
ik zal je wonden hechten je hoeft niets
te zeggen ik maak de stilte wel gepast
desnoods ga ik als een tochthond liggen
aan de kier maar jij je blijft hier, hoor

hoe de paarden onrustig in de stallen
snuiven op handen en voeten zal ik
mij buigen over je heen ik ben je kamer
in de kamer ik wil je mond op mond
mijn hart op jouw tong als je maar niet terug
de nacht in als je maar niet weer

naar die brug

Du musst hierbleiben in diesem Zimmer
ich werde dich füttern, du kannst hier schlafen
ich werde dich wiegen ein Liedchen singen
das du aus früheren Zeiten noch kennst
von jenen Kassetten als deine Eltern mit dir
gen Süden aufbrachen ins Nirgendwohin

weil du hierbleiben musst in diesem Zimmer
in dem wir mit unseren Mondkörpern leuchten
ich will dir die Wunden benetzen du brauchst nichts
zu sagen ich erfülle das Schweigen
wenn's sein muss als Zughund
unter der Tür nur bleib mir, horch doch

wie die Pferde im Stall mit den Hufen
scharren will ich mich mit Händen und Füßen
über dich zittern und Zimmer dir sein
im Zimmer will ich dir dann Mund an Mund
mein Herz auf die Zunge legen *gong nit zruck*
in die Nacht nie wieder von mir

uff selle Bruck

Monument voor de vrouw

Maak haar van takken waar
elke lente nieuwe knoppen aan
komen maak haar van het ruisen
van bedreigde bomen

Maak haar van water van druppels
dauw van de ochtend die erin parelt
maak haar van licht van schaduw
die makkelijk langs de muren klimt

van vergeelde geschiedenisboeken
waarin zij ver te zoeken is knoop haar
uit rafels van keukenhanddoeken
klop haar op uit zakken vol dons

maar maak haar niet van brons
en als je haar daar toch uit giet
laat haar dan niet afkoelen
houd haar heet en stromend

maak haar niet van steen
en als je haar daar toch uit kapt
houw haar dan zo dat ze
er makkelijk uit kan breken

laat het monument het moment
om zich voortdurend te ontplooien
om wanneer ze maar wil
aan haar maker te ontkomen

Monument einer Frau

Säg im Geäst ein Gepräge als läge
ein Frühjahrsentknospen in ihr
ein Jahreserblühen das Rauschen
versterbender Bäume

Mach sie aus Wasser aus Tropfen
dem Tau aus dem Morgen der anperlt
mach sie aus Licht und Verschatten
die sich an den Mauern verschleichen

aus vergilbten Geschichtsbücherseiten
auf denen sie fast niemand findet knüpf sie
aus Fransen der Küchenhandtücher
sie soll einem Sack voller Daunen entschweben

doch gieße sie niemals in Bronze
und wenn du sie doch daraus fertigst
dann lass sie niemals erkalten
halte sie glühend im Fluss

meißle sie niemals in Stein
und wenn du sie doch daraus haust
erschaffe sie so dass sie stets
zu entkommen vermag

lass dem Monument den Moment
sich unentwegt zu erneuern
wann immer sie will
ihren Schöpfer zu fliehen

Maud Vanhauwaert — Gedichten | Gedichte

Sssssssssst	Schschschscht
Er is de ruisende stilte tussen eeuwenoude bomen verscheurd in nevels	Es gibt diese rauschende Stille zwischen jahrhundertealten Bäumen im Nebelschleier
Er is de kille stilte aan een tafel die met messen wordt gesneden	Es gibt diese schneidende Stille zu Tisch, aus frostigen Messern gestochen
De gedragen stilte van een minuut op een plein de gedachten die bij slachtoffers zijn	Die getragene Stille des Augenblicks auf einem Platz das Gedenken, das bei den Opfern ist
Er is de opgelegde stilte in een studiezaal, die voortdurend onder spanning staat	Es gibt diese befohlene Stille in einem Lesesaal, die ständig unter Anspannung steht
De gezwollen stilte voor een overdonderend applaus waarin de laatste noot nog trilt	Die aufgeblähte Stille vor einem donnernden Applaus in dem die letzte Note noch nachklingt
De tikkende stilte van leidingen in het huis waar je weer alleen bent na een pijnlijk vertrek	Die tickende Stille alter Leitungen im Haus, wenn du wieder einsam bist nach einem Aufbruch, der schmerzt
En er is de volbrachte stilte van ons op dit bankje terwijl de verte het overneemt	Und es gibt diese vollendete Stille wenn wir uns nah in die Ferne entrücken
en alles is gezegd	wenn alles gesagt ist

Vertaling/Übersetzung: José F.A. Oliver
Interlineaire vertaling/Interlinearfassung: Stefan Wieczorek

Maud Vanhauwaert en/und José F. A. Oliver

Ik zou kunnen zeggen moeders zijn herbergen

Ich könnte fragen wie viel wiegen ihre ersten worte
die im lautvermächtnis kosmos sind auf erden

Ik zou zeggen woorden zonder zwaartekracht wegen niet
maar zijn in vrije val ik neem je bij de hand
en laat je mijn valleien zien

Ich könnte sagen im wort erkundet sich talaufwärts
die weite wie komplizenhände
und hinter jedem berg
ist jedem fluss die meerin eingemündet

Het woord vertakt zich tot een delta
mondt nooit helemaal in de ander uit
spreken is slibben, er is altijd sediment / mir

kontinente, die entdecken
ausgelegt wie hände, die gereicht
sich weiterfühlen / von zeit zu zeit
im w:erden mut ist *Mut*
ter, in der die uhren ruhen

                                                  nomadenzärtlich

handen   landen   moeder   hoeder   moed

                                                  zw:erven

Samenwerking | Kooperationsprojekt

Ich könnte sagen mütter sind uns h:ort

Ik zou kunnen vragen hoeveel wegen haar eerste woorden
het testament van haar stem klinkt als de kosmos op aarde

Ich würde sagen in jedem wort ist schwerkraft schwerelos
sie ist im freien fall ich nehme deshalb deine hand
und führe dich in meine täler

Ik zou kunnen zeggen in het woord verkent zich dal-opwaarts
de weidte als handlangershanden
en achter elke berg
is elke rivier de zeeïn uitgemond

Das wort verströmt sich in ein delta
und ist doch niemals m:und ins andere
so schlammt m:ein sprechen, lagert m:ich ab / aan mij

continenten, die ontdekken
uitgestald als handen, die aangereikt
verdervoelen / van tijd tot tijd
de w:aarde van moed in *moed*
er, waarin de uren rusten

                                                                      nomadenteder

hände   länder   mütter   hüter.innen   mut

                                                sch:erben

Interlinearfassung / interlineaire versie:
Stefan Wieczorek und / en Jan Sietsma

Dean Bowen

Özlem Özgül Dündar

Unter dem archiv
Özlem Özgül Dündar über Dean Bowen

DA LEGEN SICH SCHICHTEN AUFEINANDER, die sich vermischen zu immer wieder neuem in den gedichten von dean bowen. Erst begegnen wir der haut des lyrischen Ichs, wenn wir es sehen. Und diese haut ist ein archiv, das informationen sammelt über das lyrische Ich selbst, über seinen kontext, seine geschichte. Es ist wie eine landkarte der persönlichkeit. Und unter der haut, unter diesem archiv liegen die schichten, die politischen diskurse, in die das Ich hineingeworfen wird, über hautfarbe, rassismus, gender, religion. Die diskurse manifestieren sich im körper. Im mix der verschiedenen diskurse und der suche nach dem eigenen selbst entsteht ein lyrisches Ich, das versucht, aus dem gefängnis der sprache auszubrechen und seine eigene sprache zu formen, eine neue kreolsprache mit der lyrik und in der lyrik, die alles möglich macht. Worte werden in ungewöhnlicher grammatik nebeneinandergestellt, sprecherpositionen werden undeutlich und schaffen ein multiples sprechen, so wie das lyrische Ich in schichten besteht, so häkelt dean in diesen gedichten sich die lyrische sprache zurecht, um diese dinge spürbar zu machen – ein lyrischer sprechakt, wenn man so will. Poesie wird hier zu einer lebenshaltung. Die persönliche geschichte des Ichs ist neben dem und ist im und wird zum politischen diskurs selbst, wird mit ihm verwoben. Und dieses Ich übt sich in bdsm auf der suche nach den grenzen seines eigenen körpers, im versuch diesen greifen zu können, und schwimmt wie ein fisch in einem meer religiöser mikroplastik. Und das lyrische Ich ist zerworfen mit sich und der welt durch die farbe seiner haut, durch die wahrnehmung seiner haut von außen als ein fremdes element, durch seine position in der schwarzen community und ihrer geschichte, zerworfen mit seiner eigenen queeren identität auf der suche nach den konturen seiner selbst.

Onder het archief
Özlem Özgül Dündar over Dean Bowen

ER KOMEN LAGEN OP ELKAAR TE LIGGEN die zich telkens tot iets nieuws vermengen in de gedichten van dean bowen. We stuiten op de huid van het lyrische Ik zodra we het zien. En deze huid is een archief dat informatie verzamelt over het lyrische Ik zelf, over zijn context, zijn geschiedenis. Het is als een landkaart van zijn persoonlijkheid. En onder de huid, onder dat archief liggen de lagen, de politieke discoursen waarin het Ik geworpen wordt, over huidskleur, racisme, gender, religie. De discoursen manifesteren zich in het lichaam. In de mix van verschillende discoursen en de zoektocht naar het eigen zelf ontstaat een lyrisch Ik dat probeert uit de gevangenis van de taal te breken en zijn eigen taal te vormen, een nieuwe creoolse taal met de poëzie en in de poëzie die alles mogelijk maakt. Woorden worden in een ongewone grammatica naast elkaar gezet, de vertelinstanties worden onduidelijk en brengen een meervoudig spreken tot stand, zoals het lyrische Ik uit lagen bestaat, zo haakt dean in deze gedichten zijn poëtische taal bij elkaar om deze dingen tastbaar te maken – een lyrische taaldaad, zo men wil. Poëzie wordt hier een levenshouding. De persoonlijke geschiedenis van het Ik ligt naast en in en wordt het politieke discours zelf, wordt ermee verweven. En dat Ik beoefent bdsm in een zoektocht naar de grenzen van zijn eigen lichaam, in een poging het te grijpen, en zwemt als een vis in een oceaan van religieus microplastic rond. En het lyrische Ik is met zichzelf en de wereld in onmin door de kleur van zijn huid, door de waarneming van zijn huid van buitenaf als een vreemd element, door zijn positie in de zwarte community en haar geschiedenis, in onmin met zijn eigen queer identiteit in de zoektocht naar de contouren van zijn zelf.

Vertaling: Jan Sietsma

mi skin

mijn huid mijn gietijzeren huid mijn evenaar huid mijn gietijzeren evenaar huid mijn huid mijn litteken huid mijn grijze litteken huid mijn grijze huid mijn asielzoeker huid mijn huid mijn kleurenblind huid mijn rook huid mijn kleuren rook huid   is brandbaar   mijn brandbare huid mijn vervloekte huid mijn vervloekte huid   is brandbaar   mijn huid mijn bidden huid mijn bidden marshmallow huid mijn wolken marshmallow huid mijn brandbare wolken huid mijn huid mijn marshmallow   huid is brandbaar   mijn huid mijn afgerolde huid naakt mijn naakte afgerolde huid mijn capituleren huid mijn huid mijn blues huid mijn doorzichtige huid mijn doorzichtige blues huid mijn huid mijn blues is brandbaar huid & mijn huid   is een huis   mijn roest huid   mijn huid roest   mijn roest huid   is brandbaar

oxideert

mijn huid oxideert mijn neutrale huid mijn zwarte neutrale huid mijn afgeknepen zwarte neutrale huid   is brandbaar   mijn afgekamde huid mijn droge huid mijn droge huid   is brandbaar   mijn volwassen huid mijn volwassen huid is gewassen huid mijn gewassen huid is huid mijn worden huid mijn rekbare worden huid mijn woorden huid is   rekbaar   mijn huid   is brandbaar   mijn wonder huid mijn voetnoten huid mijn voetnoten wonder huid mijn spiegel huid mijn scherven huid mijn spiegel scherven huid mijn magie huid mijn #blackboymagic huid mijn zwarte huid is magie huid en jongens zijn   brandbaar

meine Haut

meine Haut meine Gusseisen Haut meine Äquator Haut meine Gusseisen Äquator Haut meine Haut meine Narben meine graue Narben Haut meine graue Haut meine Asylanten Haut meine Haut meine farbenblinde Haut meine Rauch Haut meine Farben Rauch Haut   ist brennbar   meine brennbare Haut meine verfluchte Haut meine verfluchte Haut   ist brennbar   meine Haut meine Gebet Haut meine Gebet Marshmallow Haut meine Wolken Marshmallow Haut meine brennbare Wolken Haut meine Marshmallow Haut   ist brennbar   meine Haut meine abgerollte Haut nackt meine nackte abgerollte Haut meine Kapitulation Haut meine Haut meine Blues Haut mein Blues meine durchsichtige Blues Haut meine durchsichtige Haut meine durchsichtige Blues Haut meine Haut mein Blues ist brennbar Haut & meine Haut   ist ein Haus   meine Rost Haut   meine Haut rostet   meine Rost Haut   ist brennbar

oxidiert

meine Haut oxidiert meine neutrale Haut meine schwarze neutrale Haut meine abgeschnürte schwarze neutrale Haut   ist brennbar   meine niedergemachte Haut meine trockene Haut meine trockene Haut   ist brennbar   meine erwachsene Haut meine ausgewachsene Haut ist gewachsene gewaschene Haut ist Haut meine Werden Haut meine dehnbare Werden Haut meine Worte Haut   ist dehnbar   meine Haut   ist brennbar   meine Wunder Haut meine Fußnoten Haut meine Fußnoten Wunder Haut meine Spiegel Haut meine Scherben Haut meine Spiegel Scherben Haut meine Magie Haut meine #blackboymagic Haut meine schwarze Haut ist Magie Haut und Jungs sind   brennbar

archetype

jij bent een monument   vraagt hoe je jezelf ontmaakt   afweermechanisme van een hart te vaak van vellen ontdaan   hoe wit is de pit eronder want *'ach ja'* ook dit kent een raciale lading   je deelt propagandistische ervaringen over bewegen in supermarkten   hoe ogen priemden   herinnert het rolletje pepermunt gestolen voor de vorm   want: *'zie je wel!'*

nachtmerries verschuilen zich in de luwte van je verlichtte binnenruimte   je atmosfeer   de korte onderstroom die het blootlegt   ik durf het niet bij naam te noemen   je bent al een teveel   ik ben vergeten hoeveel   en draag in mij een falen dat zich in de welvingen thuis waant als een teek in jouw pels   of het mijne

we verdragen elkaars ademhalen   leren in de zomer over de aantrekkingskracht van koolstofdioxide   een geliefde vertelt hiervan   jij weet dit nog niet   *'verspilde potentie'* is het predicaat waarachter het schuilgaat   vermeend onvermogen   maar   feitjes geleerd zijn niet hetzelfde als de wijsheden in zachtaardige vingers   ergens moet er een meisje opdoemen in dit verhaal en vragen of ze mag aaien *'alsjeblieft'*

Archetyp

du bist ein Denkmal   du fragst dich wie du dich selbst verschwinden lässt   Abwehrmechanismen eines Herzens das zu oft enthäutet wurde   wie weiß ist der Kern darunter »ach so« sogar das hat rassistisches Potenzial   du teilst das stereotypische Erfahrungen beim Einkaufen   Augen die glotzen   du erinnerst dich an gestohlene Pfefferminzbonbons   um der Form zu genügen   denn: *»Ich hab's ja gesagt!«*

Albträume verstecken sich im Windschatten deines beleuchteten Innenraums   deine Atmosphäre   der kurze Sog der es bloßlegt   ich trau mich nicht es beim Namen zu nennen   du bist schon einer zu viel   ich hab vergessen wie viele   und ich trage ein Scheitern in mir   das sich in den Wölbungen zu Hause fühlt   wie eine Zecke in deinem Pelz   oder in meinem

wir ertragen den gegenseitigen Atem   lernen im Sommer die Anziehungskraft des Kohlendioxids   mein Liebling erzählt das   es ist neu für dich   *»verschenktes Potenzial«* ist das Etikett hinter dem es sich verbirgt   vermeintliches Unvermögen   aber   auswendig Gelerntes ist nicht dasselbe wie die Erinnerung in sachten Fingern   irgendwo in dieser Geschichte muss ein Mädchen auftauchen und fragen ob sie streicheln darf   *»bitte«*

Canto Negro

er zijn geen vragen voor de auteur
zwart water, zwart ritueel op lege bladzijden
een gestolen klok en alles telt zwart
de auteur krast zichzelf uit het boek
val terug in een grotesk soort ontbinden
ze tekenen een kaart op ware grote
dekken de ogen toe, zetten alles op zwart
het halfrondgeraamte vult zich uit
de auteur dringt zich op, wringt het zwart uit zichzelf
zwart litteken vluchtweg, zwarte sneeuw
hypersaturatie van een zielloos lexicon
haak jezelf vast in de hoofdrol
de auteur is een bevlekt soort bourgeoisie
zwarte klerk, kakkerlak zwart, schuimbekkend dier
krul op tot speelbal, kies het spel
win je nachtmerries uit een gladgestreken zwartzijn
noem het lichaam een geloofsovertuiging
alle bedwelming is een gelogen eindhalte
aflatende auteur, alomvattend fenomeen
zwart goed, zwart angstlied op zwartgeblakerde toast
woede is een leugenachtige kinderwens
zwarte vlam paradox, de auteur is ironie
fantoompijnzwart en een meerstemmige geschiedenis
de auteur in dit zwarte werk is zwart
waarmee bedoeld een placebo-waanzin
wanneer het doelloos wentelt in zijn rafels

Canto Negro

es gibt keine Fragen an den Autor
schwarzes Wasser, schwarzes Ritual auf leeren Seiten
eine gestohlene Uhr und schwarzes Ticken
der Autor streicht sich aus dem Buch
fall zurück in eine groteske Art der Verwesung
sie zeichnen eine Karte in Realgröße
decken sich die Augen zu, setzen alles auf Schwarz
das Halb-Umrandete füllt sich
der Autor drängt sich auf, drückt das Schwarz aus sich heraus
Schwarz Narbe Flucht Weg, schwarzer Schnee
Übersättigung eines seelenlosen Lexikons
hak dich fest in die Hauptrolle
der Autor ist eine schmutzige Bourgeoisie
schwarzer Angestellter, schwarze Kakerlake, Tier mit Schaum vorm Mund
roll dich zusammen zum Spielball, wähl das Spiel
schöpf deine Albträume aus einem glattgebügelten Schwarz-Sein
nenn den Körper ein Glaubensbekenntnis
jede Betäubung ist eine erlogene Endstation
ablassender Autor, allumfassendes Phänomen
schwarze Ware, schwarzes Angstlied auf schwarzverbranntem Toast
Wut ist ein verlogener Kinderwunsch
Schwarz Flamme Paradox, der Autor ist Ironie
Phantomschmerzschwarz und eine mehrstimmige Geschichte
der Autor in diesem schwarzen Werk ist schwarz
womit ein Placebo-Wahnsinn gemeint ist
wenn es ziellos herumirrt in seinen Fetzen

feedback

schrijf de man uit de god uit de hemel die geschept uit de vraag wie wij meer als we kwijt uit het lijf dat gebukt in de zon in de greep van de man die ik schreef uit de god uit de hemel omdat wij zijn verscheurd in de bek van het beest dat verscheen in het hart van de man die ik schrijf uit de god uit de hemel die gevolgd door het volk dat verdwaald in het licht van de zon dat te scherp voor het oog van de man die ik schreef uit de god uit de hemel die ik vond in het boek dat vertelt van de man uit de god uit de hemel die niet voor iedereen maar belooft van het licht dat verlost van het beest in het hart van de man die ik schrijf uit de god uit de hemel als een vraag voor de jongen die ik ooit ben geweest als een man die ik schreef uit de god uit de hemel die ik zocht toen ik kind en verdwaald in het web van het beest dat niet beest maar ikzelf als een man die ik schrijf uit de god uit de hemel die niet geeft aan de zoon van de vrouw die kapot in de greep van de man die ik schreef uit de god uit de hemel beloofd als de dood in het lijf dat verliest als het kwijt in de droom van de man die ik schrijf uit de god uit de hemel die zal vallen als het zwaard dat de dood naar ons brengt in de naam van de man uit de god die ik schreef uit de hemel als een onaf verhaal waarin niemand herkent dat de man uit de god die ik schrijf uit de hemel slechts de kwetsbare aard van het beest in het volk is verlost van het licht in ons allen bestaand als ik schrijf van de man uit de god uit de hemel

feedback

schreibe dem Menschen der von Gott im Himmel der erschaffen der aus der Frage der wer der wir wenn wir wegfallen aus dem Leib der gebeugt in der Sonne im Griff des Mannes dem ich schreibe der von Gott im Himmel weil wir zerrissen wurden im Maul des Tiers das erschien im Herzen des Mannes dem ich schreibe der von Gott im Himmel dem das Volk folgt das sich verirrt im Licht der Sonne das zu hell für das Auge des Mannes dem ich schreibe der von Gott im Himmel den ich fand im Buch das erzählt vom Mann von Gott im Himmel der nicht für jeden doch verspricht aus dem Licht das erlöst vom Tier im Herzen des Mannes dem ich schreibe der von Gott im Himmel eine Frage für den Jungen der ich einmal gewesen bin ein Mann dem ich schreibe von Gott aus dem Himmel den ich suchte als Kind und verirrte im Netz des Tiers das nicht Tier sondern ich selbst ein Mann dem ich schreibe von Gott aus dem Himmel der nichts gibt dem Sohn der Frau die kaputt im Griff des Mannes dem ich schreibe von Gott im Himmel versprochen der Tod im Leib der verliert wenn es verloren im Traum des Mannes dem ich schreibe von Gott im Himmel der fallen wird das Schwert das uns den Tod bringt im Namen des Mannes von Gott dem ich schreibe im Himmel unvollendete Geschichte in der niemand erkennt dass der Mann von Gott dem ich schreibe im Himmel nur die verletzliche Natur der Tiere im Volk erlöst vom Licht existent in uns allen wenn ich schreibe von dem Mann von Gott im Himmel

collage

de makkelijke weg uit je naam
is de stem in een zacht kind
echo van een kille interactie
die nog altijd in mij huist
als meetbaar neveneffect

ik schrijf memoires van een gezicht
nagloeiend in een avondzon
een liefdesverklaring voor in je broekzak

ik corrigeer een misbruikte persoonsvorm
hij las in mijn lichaam iets dat ik niet herken
de doorn in mij, onderhuids begraven,
boven een wiegend heup bot

elke dag beoefen ik een nieuwe alchemie
transmuteer soliditeit tot gas
trek geen mal rond mijn vluchtigheid
ze verdrinken het in discours

'what a waste, of an existence'

ik bid naar een bloedverwantsater
noem het persoonlijk grensgebied
er valt niets meer uit te hollen

ik ben een naamloze aandoening
alles dat aanwezig is in de taal die we gebruiken
elegant bitch thug nigga queer fuck
en alles zwelt op

mis mij met je bondgenootschap
I like violence, zeg ik

ik ken het volle gewicht van een lichaam
de zwaartekracht is democratisch in alle seizoenen

vuurmieren verwarde mijn bloedbaan voor thuishoop
ik verdamp uit de namen van je geballde extremiteiten

'bitch better have my money'
en ik rammel aan de kooi

Collage

der einfache Weg aus meinem Namen heraus
ist die Stimme in einem sanften Kind
Echo einer kühlen Interaktion
die noch immer in mir haust
als ein messbarer Nebeneffekt

ich schreibe die Memoiren eines Gesichts
das nachglüht in der Abendsonne
eine Liebeserklärung für meine Hosentasche

ich korrigiere ein falsch benutztes Pronomen
er las in meinem Körper etwas, das mir unbekannt
den Dorn, der unter meiner Haut begraben
über einem schwingenden Hüftknochen

jeden Tag praktiziere ich eine neue Alchemie
transmutiere Festes zu Gas
ziehe keine Schablone um meine Flüchtigkeit
sie ertränken es im Diskurs

'what a waste, of an existence'

ich bete zu einem Blutsverwandtensatyr
nenne es persönliches Grenzgebiet
es gibt nichts mehr, was zu tun wäre

ich bin ein namenloses Leiden
alles, was anwesend ist in der Sprache, die wir benutzen
elegant bitch thug nigga queer fuck
und alles schwillt an

vermische mich mit deiner Solidarität
I like violence, sage ich

ich kenne das volle Gewicht eines Körpers
die Schwerkraft ist demokratisch zu allen Jahreszeiten

Feuerameisen verwechselten meine Blutbahn mit ihrem Zuhause
ich verdampfe aus dem Namen deiner geballten Extremitäten

'bitch better have my money'
und ich rüttel am Käfig

keti koti

alle beweging is gewelddadigheid, klein geworden ballast
de kwelling van je zwarte lijf op het toetreden van een stilte; onuitgenodigd
warmwaterlichaam vertalingen en volledige ontworteld
het huis gekanteld in een democratische winter

je reduceert van de mensen
(iedereen die zichzelf opwerkt tegen de lucht)
alsof de tijd niet een huid is die afstroopt in de weerklanken van de waarheden
die je kende en leerde kennen
de rest enkel theater; om de dagen door

het bevestigt je drijfvermogen
een anker in je voeten begraven
de omwentelingen van jezelf binnen de plooibaarheid
van je zwarte lijf, de twijfel van je vingers op een strottenhoofd

wij zijn allemaal uit verhalen gevouwen,
hebben namen doorspookt van schadeloosstellingen, het lood
teveel om niet gedempt; de ruimte rondom te vullen van haar echo's

alle beweging is gewelddadigheid, wanneer je buigt om jezelf te legen
een luidop verdragen, want je bent vertaald een nostalgie
lichamelijk lexicon om jouw mogelijk
te minderen

keti koti

alle Bewegung ist Brutalität, konzentrierter Ballast
die Qual deines schwarzen Körpers beim Eintritt der Stille; uneingeladener
Warmwasserkörper Übertragung und totale Entwurzelung
das Haus schief in einem demokratischen Winter

du lässt ab von den Menschen
(von jedem, der sich gegen Luft erhebt)
als ob die Zeit nicht Haut ist, die sich in Widerklängen der Wahrheit abstreift
die du kanntest und kennengelernt hast
der Rest ist nichts als Theater; jeden Tag aufs Neue

es bestätigt dein Schwimmvermögen
ein Anker in deinen Füßen eingegraben
die Rotationen deiner selbst innerhalb deiner Biegsamkeit
deines schwarzen Körpers, der Zweifel deiner Finger auf einem Kehlkopf

wir sind alle aus Geschichten gefaltet
tragen Namen durchgeistert von Wiedergutmachung, das Quäntchen
zu viel als ob nicht gedämpft; den Raum rundum zu füllen mit ihren Echos

alle Bewegung ist Brutalität, wenn du dich biegst, um dich zu leeren
ein lautes Ertragen, denn du bist eine übertragene Nostalgie
ein leibliches Lexikon, das sich soweit es geht
vermindert

Uit: Rituelen

Mijn zonde, mijn bodem.

.alpha
getuigen is een duistere chemie
honger voor een kwellende ontlating
dat verlangen ingesleurd
maakt lichaam vergetelheid
derden van een planeet tussen ons in gespannen
& naalden krassen de huid terwijl azijnwater brandt
ik adem in, jouw gebrek eraan
geef je roeping
waarmee bedoeld: 'ja meneer'
waarmee bedoeld: 'ik mis je'
waarmee bedoeld: 'doe me pijn'
& dat zal ik

.bravo
een kortstondige dood
is een **sub**tiliteit uitgegoten
verwringing van een gehavend lichaam
een doorzichtige geest tot grensgebied omgevormd
ik bied je een form
om een ander te vinden
laat het watervallen
in stukken
& vingers in een gebalde vuistvol
van iets om jou
in mee te slepen
alweer

.charlie
we vervlechten
zoals we doen
tot het eerste
van een benadering
lessen de dorst
zoals jij naar mij,
bij het noemen van inhouden
scenes neigen naar wat we verlangen
nog niet uitgespeeld
nu nodig hebbend
ergens in ons

Aus: Rituale

Meine Sünde, mein Boden.

.alpha
Bezeugen ist eine dunkle Alchemie
Hunger nach einem quälenden Enthärten
dieses Verlangen hineingezerrt
macht Körper Vergessenheit
Dritte von einem Planeten werden zu uns gespannt
& Nadeln kratzen die Haut, während Essigwasser brennt
ich atme, deinen Mangel daran
ich gebe dir eine Berufung
damit ist gemeint: »Ja, mein Herr«
damit ist gemeint: »Du fehlst mir«
damit ist gemeint: »Tu mir weh«
& das werde ich

.bravo
ein flüchtiger Tod
ist eine ausgegossene **Sub**tilität
Verkrampfungen eines geschundenen Körpers
ein durchsichtiger Geist verwandelt zum Grenzgebiet
ich biete dir eine Form
um eine andere zu finden
lass das Wasser
in Stücke zerbrechen
& Finger in einer geballten Faust –
voll von etwas, um dich
darin mitzuschleppen
nochmal

.charlie
wir verflechten
so wie wir es machen
bis zur ersten
Annäherung
stillen den Durst
so wie du nach mir
beim Nennen von Inhalten
Szenarien neigen sich zu dem, was wir verlangen
noch nicht zu Ende gespielt
die wir jetzt brauchen
irgendwo in uns

laat ze niet branden
(een donker slaapliedje voor zwarte
kinderen in brandende steden)

toen je het eerst aanraakte
& leerde hoe het alle herinneringen
droeg die jou binnenvielen
herkende je deze ongeschonden
vingers als ongeschikt om
de wonden blootgelegd te genezen

je vroeg oude goden in te schikken
tot downloadbare formats
voor zwarte kinderen om te bluffen met
gelijkenissen voorbij
de verkleuring van blauwe plekken
die we maar al te goed kenden;
waarvan teer-dik medicijn gedronken
offers van oudsten die onze verwanten
                              droegen
in die rituelen herschept
van verloren beoefening

we speelden vader-en-moedertje
vonden ander nut
voor grootstedelijk landschap
hoodies aan & maskers op

we gaven onszelf geen naam
in een gewelddadige taal
dreven alle woorden uit
beginnend met -N
herschiepen een tong
die nooit vatbaar was voor zweepslagen
de scherpte ingebed
via deze huid die ik enkel ken
als middel voor omhelzing

er bestaat geen vlam
in de vorm van een thuisland
voor kinderen die we afwijken
oorspronkelijk aan, bewierookt,
een zacht hart
dat ik voor je bouwde zonder
gereedschap als wapen
in vreemd gebruik

er is geen drempel als
er was eens, omgekeerd
de overblijfselen draagt
van een uitgeputte geschiedenis

we kenden alle zwarte kinderen
    – een verborgen thuis voor prachtige botten –
waarvoor we deze gebaren bouwden
die niet zullen branden
maar die we soms
een lichtere adem geven
om hun vaarwel te fluisteren
& het luchtruim te kiezen

Dean Bowen — Gedichten | Gedichte

Lasst sie nicht brennen
(ein dunkles Schlaflied für schwarze
Kinder in brennenden Städten)

als du es das erste Mal berührtest
& erfuhrst wie es alle Erinnerungen
trägt, die dir einfielen
hieltest du diese unverletzten
Finger für ungeeignet, um
die Wunden, die bloßgelegten, zu heilen

du batest alte Götter zu schrumpfen
auf downloadbare Formate
für schwarze Kinder, ein Bluff mit
Gleichnissen jenseits
der Verfärbung von blauen Flecken
die wir nur zu Genüge kannten;
davon wurde teerdicke Medizin getrunken
Opfer der Ältesten, die unsere Verwandten
                                                            trugen
in diesen neu wiederhergestellten Ritualen
aus verlorenen Anwendungen

wir spielten Vater-und-Mutter
fanden eine andere nützliche Verwendung
für eine großstädtische Landschaft
hoodies an & Masken auf

wir gaben uns selbst keine Namen
in einer brutalen Sprache
trieben alle Worte aus
die mit einem N beginnen
erschufen eine Sprache neu
die nie empfänglich war für Peitschenhiebe
die Schärfe eingebettet
über diese Haut, die ich nur kenne
als Mittel zur Umarmung

es gibt keine Flamme
in der Form eines Heimatlands
für Kinder, die wir abweichen
ursprünglich, beweihräuchert
ein weiches Herz
das ich für dich gebaut habe ohne
Werkzeug als Waffe
in fremdem Gebrauch

es gibt keine andere Schwelle außer
Es war einmal, umgekehrt
die Überbleibsel trägt
einer erschöpften Geschichte

wir kannten alle schwarzen Kinder
   – ein verlorenes Zuhause für prächtige Knochen –
wofür wir diese Gesten bauten
die nicht brennen werden
sondern denen wir manchmal
einen leichteren Atem verleihen
um ihnen ein Lebewohl zuzuflüstern
& uns dann in die Lüfte erheben

Vertaling/Übersetzung: Özlem Özgül Dündar
Interlinearfassung/Interlineaire vertaling: Ira Wilhelm

Sprache macht

Ein Essay

Özlem Özgül Dündar

ICH LESE DIE TEXTE VON DEAN BOWEN und werde von seinem kreierten Ich an die hand genommen und in die tiefen der haut dieses Ichs geführt. Schicht für schicht krieche ich tiefer hinein wie ein insekt, das sich seinen weg durch die haut und den körper frisst, um dort sein unheil anzurichten, im gedicht »Rituale« kratze ich wie eine nadel die haut wund und bohre mich hinein in diesen körper, den sie verdeckt, im gedicht »Collage« sitze ich wie ein immer anwesender dorn da, an den unangenehmsten stellen, an denen es am meisten wehtut und steche und steche in die haut und steche den körper, den sie verdeckt. Aufwühlend an der auseinandersetzung mit deans gedichten ist, wie ich selbst als leserin und durch den prozess der übersetzung auch als übersetzerin zum beispiel in »Archetyp« erlebe, wie ich mich fast schon selbst in die haut eines anderen menschen reinbeiße wie eine widerliche »Zecke in deinem Pelz«. Ich lege im lesen diese haut über diesen körper. Ich mache das. Ich benutze die worte seiner gedichte und lege sie damit für jeden und alles sichtbar da hin, dann erst sind sie geboren. Ich gebäre sie und dieses gebären empfinde ich bei diesen gedichten als einen gewaltsamen akt. Ich werde zu diesem gewaltakt als übersetzerin und leserin gezwungen. Und je weiter ich übersetze und lese und übersetze, desto mehr fühle ich mich orientierungslos und beiße und beiße mich in höchstgeschwindigkeit in die haut des lyrischen Ichs und sauge sie aus und ritze und steche sie.

Und das passiert mit jedem weiteren wort. Ich habe keine wahl als das insekt, der dorn, die nadel zu sein. Am ende setzt sich für mich das bild der zecke durch, das ich nicht mehr vergessen kann, die zecke, die sich so richtig mit schmackes in diese haut reinbeißt und sich mit blut fett saugt. Und ich will das alles eigentlich nicht. Und das ist das besondere an deans gedichten – ich will es nicht – aber ich mache es, einfach nur weil ich diese gedichte lese. Ich werde gezwungen diese erfahrung zu machen, die gedichte und ihre sprache sind wie eine einleitung zum einbeißen in die haut eines anderen. Das ist ein sprechakt ohnegleichen. Und im gedicht »meine Haut« wird diese haut, in die ich beiße, ganz konkret analysiert, und da ist sie gusseisen, sie ist rost, sie ist narben, sie ist äquator, sie ist grau, sie ist marshmallow, sie ist blues, sie ist schwarz.

Und immer wieder taucht die farbe schwarz in den gedichten von dean auf. Sie ist immer da, sie ist die farbe, die das Ich bedeckt, sie wird in den gedichten mit jedem wort, das man liest, mächtiger und mächtiger. Sie wird zu einem etwas, das eine materialität bekommt durch seine schiere nennung. Ein ding, das man greifen kann, ein ding, das fest ist, ein ding, das da ist und nicht wegrüttelbar ist, ein übergroßes, alles überziehendes etwas, das sich mit seiner anwesenheit behauptet. So wie das schwarz übermächtig allgegenwärtig ist, so ist in den gedichten von dean auch die sprache übermächtig allgegenwärtig. Sprache wird, je öfter ich die gedichte lese, zu einer übermacht, die mich kaputt macht. Die mir bis in meine seele eindringt und mich dort zerstört und zerstört hat. Ihre inhalte, die bedeutung ihrer worte, die art und weise, wie ihre worte in mich reingepresst werden und all die bilder, die mit ihr kommen, die guten und die schlechten.

Und auch hier gibt es dennoch berührungen, zärtliches und sanftes. Und gleich wie das bild einer sanften berührung zwischen zwei menschen entstanden ist, wird auch das wieder zerstört. Denn auch diese körper prallen aufeinander. Wie könnten sie auch nicht in dieser welt, die so eine sprache hervorgebracht hat.

Vertaal, baar

Een essay

Özlem Özgül Dündar

IK LEES DE TEKSTEN VAN DEAN BOWEN en word door zijn scheppende Ik aan de hand genomen en naar de diepten van de huid van dit Ik gevoerd. Laag voor laag kruip ik dieper naar binnen als een insect dat zich een weg door huid en lichaam vreet om daar onheil aan te richten, in het gedicht 'Rituelen' kras ik als een naald de huid open en boor dit lichaam binnen dat zij bedekt, in het gedicht 'collage' zit ik als een altijd aanwezige doorn, op de onaangenaamste plekken, waar het het meest pijn doet en steek en steek in de huid en steek in het lichaam dat zij bedekt. Het verontrustende aan de omgang met deans gedichten is dat ik, als lezer en door het vertaalproces ook als vertaler, in 'archetype' bijvoorbeeld ervaar hoe ik bijna zelf in de huid van een ander mens bijt als een weerzinwekkende 'teek in jouw pels'. Bij het lezen leg ik deze huid over dat lichaam. Dat doe ik. Ik gebruik de woorden van zijn gedichten en leg ze zo neer dat alles en iedereen ze kan zien, pas dan worden ze geboren. Ik baar ze, en die bevalling ervaar ik bij deze gedichten als een gewelddaad. Als vertaler en lezer word ik tot die gewelddaad gedwongen. En hoe meer ik vertaal en lees en vertaal, des te meer ik gedesoriënteerd raak en op topsnelheid in de huid van het lyrische Ik bijt en bijt en die leeg zuig en krab en prik.

En dat gebeurt bij elk volgend woord. Ik heb geen andere keus dan het insect te zijn, de doorn, de naald. Uiteindelijk overheerst bij mij het beeld van de teek, dat ik niet meer vergeten kan, de teek die werkelijk met smaak in deze huid bijt en zich vet zuigt aan bloed. En eigenlijk wil ik dat allemaal niet. En dat is het bijzondere aan deans gedichten – ik wil het niet – maar ik doe het, gewoonweg omdat ik deze gedichten lees. Ik word gedwongen deze ervaring te hebben, de gedichten en hun taal zijn als een inleiding op het bijten in de huid van een ander. Het is een taaldaad zonder weerga. En in het gedicht 'mi skin' wordt de huid waarin ik bijt heel concreet geanalyseerd, en daar is ze gietijzer, ze is roze, ze is litteken, ze is evenaar, ze is grijs, ze is marshmallow, ze is blues, ze is zwart.

En telkens duikt in de gedichten van dean de kleur zwart weer op. Ze is er altijd, ze is de kleur die het Ik bedekt, met elk woord dat je leest wordt zij in de gedichten machtiger en machtiger. Ze wordt een iets, dat louter door genoemd te worden een materialiteit krijgt. Een ding dat je grijpen kunt, een ding dat stevig is, een ding dat er is en niet afgeschud kan worden, een overgroot en alles overtrekkend iets dat zich door zijn aanwezigheid laat gelden. Zoals het zwart overmachtig alomtegenwoordig is, zo is in de gedichten van dean ook de taal overmachtig alomtegenwoordig. Taal wordt, hoe vaker ik de gedichten lees, een overmacht die mij kapot maakt. Die doordringt tot in mijn ziel en me daar verwoest en verwoest heeft. Haar inhoud, de betekenis van haar woorden, de wijze waarop haar woorden in mij worden gedrukt en al de beelden die zij meebrengt, de goede en de slechte.

En toch zijn ook hier nog aanrakingen, teder en zacht. Maar het beeld van een zachte aanraking tussen twee mensen is nog niet ontstaan of het wordt alweer verwoest. Want ook deze lichamen botsen opeen. Hoe kan dat ook anders in een wereld die zo'n taal heeft voortgebracht.

Vertaling: Jan Sietsma

Özlem Özgül Dündar

Annelie David

Van het wassen van de doden en de zoektocht van de taal

Annelie David over
Özlem Özgül Dündar

DE DAG DAT IK Özlem Özgül Dündars lange gedicht *manieren van sterven te dragen* voor het eerst las – een gedicht dat leest als een bezwerende meditatie – besloot een langjarige vriend van mijn man en mij na een lang ziekbed tot euthanasie. Toeval? Morfologische resonantie? Of een wenk van het leven? Hoe dan ook niets had het mij gemakkelijker kunnen maken dan deze trieste gebeurtenis om in Dündars tekst te komen die zoals de titel het al uit de doeken doet over verschillende manieren van sterven gaat en hoe die te (ver)dragen. Wat me op dat moment het meest raakte in de tekst is de passage over het wassen van het lichaam van een overledene:

> *wist je / dat we je / gaan wassen dat / je schoon over kunt gaan dat / je gereinigd bent van het vuil van de wereld als je / daar aankomt je / gezicht je haar je / hele lichaam wassen we / we wassen je*

Deze passage bracht me de Yusuf-trilogie *yumurta, süt, bal* of *ei, melk, honing* (2007–2010) van de Turkse filmmaker Semih Kaplanoğlu in herinnering. In deze

Vom Waschen der Toten und der Suche der Sprache

Annelie David über
Özlem Özgül Dündar

AN DEM TAG, ALS ICH Özlem Özgül Dündars Langgedicht *arten zu sterben tragen* das erste Mal las – ein Gedicht, das wie eine beschwörende Meditation anmutet –, entschloss sich ein alter Freund von meinem Mann und mir nach langer Krankheit zur aktiven Sterbehilfe. Zufall? Morphische Resonanz? Oder ein Fingerzeig des Lebens? Was auch immer es war, die traurige Nachricht erleichterte mir den Einstieg in Dündars Text, in dem es, wie der Titel schon erahnen lässt, um die verschiedenen Formen des Sterbens geht und wie man sie (er-)tragen kann. Am meisten berührte mich damals die Passage über das Waschen eines Verstorbenen:

> hast du / gewusst wir / waschen dich damit du / sauber hinübergehen kannst damit du / rein bist vom schmutz dieser welt wenn du / dort ankommst dein / gesicht deine haare deinen / ganzen körper waschen wir / wir waschen dich

Diese Passage erinnerte mich an die Yusuf-Trilogie des türkischen Filmemachers Semih Kaplanoğlu: *Yumurta – Ei, Süt – Milch, Bal – Honig* (2007–2010). Darin

trilogie wordt veel gezwegen tussen de mensen. Een zwijgen dat niet beladen is maar waarin gedeeld wordt wat niet met woorden kan worden gezegd. Het spreekt van een grote onderlinge verbondenheid. Het zwijgen is hier werkelijk goud. Ook in *manieren van sterven te dragen* meen ik tussen de regels dat zwijgen te bespeuren.

Er is nog een ander parallel waarop Kaplanoğlu filmt en Dündar *manieren van sterven te dragen* heeft geschreven. Er is geen plot, geen vertelling. Een doel doet er niet toe. Niets rijmt. Of is voorspelbaar. Goede poëzie doet dat. Ze biedt geen houvast. Net als het leven geen houvast biedt. Het slingert ons van het een naar het ander en doet steeds weer een nieuw beroep op ons.

manieren van sterven te dragen wekt de indruk van een roadmovie. We zijn onderweg naar tal van plaatsen van Istanboel tot Anatolië en van Bagdad tot Jemen. We bejegenen mensen, levende, stervende, dode. Het zijn Fadime, Hatice, Ali, Said. Het zijn zusters, broers, vaders, moeders, grootvaders en grootmoeders, mensen als jij en ik, gewone mensen. Door ze bij hun naam te noemen worden ze vastgehouden in ons collectieve geheugen. Ze verdwijnen niet, doven niet uit. Over ze schrijven en praten maakt dat ze in de wereld blijven.

Het is een archaïsche wereld waarin vrouwen vrouwen zijn en mannen mannen. Er wordt geen oordeel over uitgesproken. Het is gewoon zo. Het is een menselijke wereld waarin ieder hetzelfde lot is beschoren: de hobbelige weg die voor ons is uitgestippeld vanaf de geboorte tot de dood. 'Wees niet verdrietig,' zegt een oudere man in de film *ei* tegen Youssef wiens moeder net is overleden, 'we gaan allemaal dood.' De moeder ligt in haar bed onder een schoon wit laken. In Dündars scenische tekst *monoloog voor de doden*,

herrscht viel Schweigen zwischen den Figuren. Ein Schweigen, das nicht beladen ist, sondern in dem geteilt wird, was mit Worten nicht ausgedrückt werden kann. Es spricht von einer tiefen Verbundenheit. Schweigen ist hier wirklich Gold. Auch in *arten zu sterben tragen* meine ich, zwischen den Zeilen dieses Schweigen zu erspüren.

Noch eine andere Parallele besteht zwischen Kaplanoğlus Film und Dündars Gedicht. Es gibt keinen Plot, keine Geschichte. Auf ein Ziel wird keinen Wert gelegt, nichts reimt sich. Oder ist vorhersehbar. Gute Lyrik ist so. Sie bietet keinen Halt. Genauso wenig wie das Leben. Es schleudert uns von hier nach da, und nimmt uns immer wieder in die Pflicht.

arten zu sterben tragen erinnert an ein Roadmovie. Wir sind unterwegs zu unzähligen Orten von Istanbul bis Anatolien und von Bagdad bis in den Jemen. Wir begegnen Menschen, lebenden, sterbenden, toten. Sie heißen Fadime, Hatice, Ali, Said. Sie sind Schwestern, Brüder, Väter, Mütter, Großväter und Großmütter, normale Menschen, Menschen wie du und ich. Indem sie beim Namen genannt werden, verankern sie sich im kollektiven Gedächtnis. Sie werden niemals verschwinden, nicht erlöschen. Indem über sie geschrieben, gesprochen wird, bleiben sie Teil der Welt.

Einer archaischen Welt, in der Frauen Frauen sind und Männer Männer. Darüber wird nicht geurteilt. Das ist einfach so. Es ist eine menschliche Welt, in der allen dasselbe Schicksal zuteilwird: der steinige Weg, der uns von der Geburt bis zum Tod vorgezeichnet ist. »Sei nicht traurig«, sagt ein älterer Mann in *Yumurta – Ei* zu Yusuf, dessen Mutter gerade verstorben ist, »wir alle sterben einmal.« Die Mutter liegt im Bett, bedeckt mit einem weißen Tuch. In Dündars szenischem Text *monolog der toten*, in dem eine

waarin een moeder op hoge leeftijd in een ziekenhuis sterft aan multipel orgaan falen, schrijft de dichter:

> *en aan het eind is er een doek voor de lichamen van de doden en we wikkelen de doden erin en het doek is wit en het is heel gewoon zonder enig patroon zo gewoon als een doek maar zijn kan en het is glad en zacht en dat is het enige wat ze van deze wereld hier nog meemaken en dat is het laatste moment waarop ze nog mensen zijn waarin ze nog een gezicht hebben hun gezichten*

Riten verlichten ons lot, verbinden eenieder met elkaar. Een verbondenheid die de Westerse mens in mijn ogen is kwijtgeraakt. Het ritueel van de dodenwassing besteden de meesten uit aan zorgpersoneel, ziekenhuizen en begrafenisondernemers. Het is een steriele aangelegenheid geworden. Bij de vrienden die mijn man en ik de laatste jaren zijn verloren kwamen we stuitende taferelen tegen: opbaren thuis, bah, jakkes, wat eng. Zelfs de wens van onze recent overleden vriend of zijn moeder en zus hem na zijn dood willen wassen werd door hen niet vervuld. Ze konden de intimiteit van het lijk wassen niet aan. De vrees voor het dode lichaam is te groot. Zo gaat de bescheidenheid ten opzichte van het bestaan verloren.

turken, vuur

Behalve in *manieren van sterven te dragen* en *monoloog voor de doden* komt de dodenwassing ook in de theatertekst *turken, vuur* terug. Het is een krachtig ritueel van grote intimiteit waarin de doden en de levenden een laatste maal met elkaar samenzijn:

hochbetagte Mutter im Krankenhaus an multiplem Organversagen stirbt, schreibt die Dichterin:

> *und ein tuch gibt es am ende für die körper der toten und wir wickeln die toten darin ein und dieses tuch ist weiß und es ist ganz schlicht ohne jedes muster so schlicht wie ein tuch sein kann und es ist glatt und weich und das ist das einzige was sie noch mitkriegen von dieser welt und das ist der letzte moment in dem sie noch menschen sind in dem sie noch ihr angesicht haben ihre gesichter*

Rituale bringen Linderung, schaffen Verbundenheit. Eine Verbundenheit, die meiner Meinung nach in westlichen Kulturen verlorengegangen ist. Die rituelle Leichenwaschung wird meistens Pflegediensten, Krankenhäusern oder Bestattungsunternehmen überlassen. Sie ist zu einer sterilen Angelegenheit geworden. Bei den Freunden, die mein Mann und ich in den vergangenen Jahren verloren haben, stießen wir auf schockierende Szenen: zu Hause aufbahren, igitt, nein, wie gruselig. Selbst den Wunsch unseres kürzlich verstorbenen Freundes, seine Mutter und seine Schwester mögen ihn nach seinem Tod waschen, haben sie ihm nicht erfüllt. Sie waren der Intimität der Leichenwaschung nicht gewachsen. Oft ist die Furcht vor dem Leichnam zu groß. So geht die Demut dem Dasein gegenüber verloren.

türken, feuer

Außer in *arten zu sterben tragen* und *monolog der toten* findet sich die Leichenwaschung auch in dem Theaterstück *türken, feuer* wieder. Es ist ein kraftvolles Ritual von großer Intimität, bei dem die Lebenden und die Toten ein letztes Mal beisammen sind:

de hele familie wast hun doden ken je dat we doen dit allemaal samen want de doden zijn niet van één iemand ze zijn van niemand en tegelijkertijd zijn ze van iedereen begrijp je wat ik bedoel we wassen ze allemaal samen ze moeten een laatste keer worden gewassen wat ze ook heeft gedood moet van hen af worden gewassen het stof het zweet het vuil van hun laatste dag tussen de levenden

turken, vuur is een poëtische en indrukwekkende tekst die onder de huid kruipt. Meerdere keren moest ik hem even wegleggen omdat hij te overweldigend is. De aanleiding is de brandaanslag in de Duitse stad Solingen die in de jaren negentig door racisten gepleegd werd waarbij met name Turkse vrouwen en kinderen de dood vonden. *turken, vuur* bestaat hoofdzakelijk uit monologen van moeders. De moeder die uit het raam van een brandend huis springt en zich daarbij zo draait dat haar baby op haar terecht komt en overleeft. De moeder die in de vlammen verbrandt. De moeder die vreest dat haar zoon tot de daders behoort. Dündar geeft de moeders, de slachtoffers, de doden en overlevenden, een stem. Zij verpersoonlijkt, maakt het verbranden, de val en het sterven invoelbaar, zit de lezer en/of toeschouwer dicht op de huid zonder daarbij veroordelend of aanklagend te zijn. Het is show don't tell.

die ganze familie wäscht ihre toten kennst du das wir machen das alle zusammen denn die toten gehören nicht einem menschen sie gehören überhaupt niemandem und gleichzeitig gehören sie allen verstehst du was ich meine wir waschen sie alle zusammen sie sollen ein letztes mal gewaschen werden was auch immer sie getötet hat soll von ihnen gewaschen werden der staub der schweiß der schmutz ihres letzten tages unter den lebenden

türken, feuer ist ein beeindruckender und poetischer Text, der unter die Haut geht. Ich musste ihn mehrmals beiseitelegen, weil er drohte, mich zu überwältigen. Er basiert auf dem rassistisch motivierten Brandanschlag von Solingen Anfang der 90er Jahre, bei dem vor allem türkische Frauen und Kinder den Tod fanden. *türken, feuer* besteht hauptsächlich aus Monologen von Müttern. Da erzählt die Mutter, die aus dem Fenster eines brennenden Hauses springt und sich dabei so dreht, dass ihr Baby auf ihr landet und überlebt. Die Mutter, die in den Flammen verbrennt. Die Mutter, die fürchtet, ihr Sohn könnte unter den Tätern sein. Dündar gibt den Müttern, den Opfern, den Toten und den Überlebenden eine Stimme. Sie individualisiert, macht das Verbrennen, den Sturz und das Sterben spürbar, setzt den Zuschauer*innen und/oder den Leser*innen zu, ohne zu verurteilen oder anzuklagen. Show, don't tell.

Übersetzung: Ruth Löbner

arten zu sterben tragen

du willst einen platz kaufen für uns
zumindest ein paar von uns
sagst du damit
wir vorbereitet sind damit
wir etwas haben einen
platz für fünf du denkst daran immer wieder er beschäftigt dich
vor meinem auge sehe ich ein bild von uns
wir liegen nebeneinander unbewegt kalt dieser ort dieser platz
an diesem ort er soll auf uns warten er
soll auf mich warten
wenn die erde auf mich wartet wenn ich mich löse
welche sonne wird unseren marmor bestrahlen an
welchem ort der welt und
ich will es nicht sehen und
irgendwann bringst du ein tuch mit ein hübsches mit einem
feinen muster fast wie dentelle schwarz ich hebe es hoch
nehme es in die hand zwischen die hände taste es ab mit
meinen fingern das feine etwas elegantes zu einem
besonderen anlass vielleicht seiden dentelle fein auf der haut und
du sagst *es ist für den tag*
*an dem man der erde zurückgegeben wir*d und
es wird fremd in meiner hand und
ich lege es
beiseite

manieren van sterven te dragen

je wilt een plek voor ons kopen
althans voor een paar van ons
zeg je dat
we voorbereid zijn dat
we iets hebben een
plek voor vijf je blijft er aan denken het houdt je bezig
voor mijn ogen zie ik een beeld van ons
we liggen naast elkaar roerloos koud is deze plek deze plek
op deze plaats hij zou op ons moeten wachten hij
zou op mij moeten wachten
als de aarde op me wacht als ik me losmaak
welke zon zal dan op ons marmer schijnen op
welke plaats in de wereld en
ik wil het niet zien en
eens neem je een doek mee fraai en met een
fijn motief bijna als een dentelle zwart ik til het op
neem het in mijn hand tussen mijn handen betast het met
mijn vingers zo fijn iets elegants voor een
bijzondere gelegenheid misschien zijden een dentelle prettig op de huid en
je zegt *het is voor de dag*
waarop we aan de aarde worden teruggegeven en
het wordt vreemd in mijn hand en
ik schuif het
terzijde

ich höre deine stimme	ik hoor je stem
das licht sticht durch die dentelle die	het licht prikt door de dentelle de
mittagshelle liegt über deinem gesicht	middagzon ligt op je gezicht
schweiß läuft wie perlen samt über deine haut das	zweet stroomt in parels fluwelen over je huid het
atmen bewegt deinen körper die	ademen beweegt je lichaam de
sonne liegt auf allem ihre strahlen an uns	zon ligt op alles straalt ons aan
wir verstecken unsere gesichter vor ihr	we verbergen onze gezichten voor haar
ich sitze mit dem rücken zu ihr	ik zit met mijn rug naar haar toe
links und rechts entlang meiner	ze verlicht me links en rechts
kontur leuchtet sie mich an	van mijn contour
unbewegt von unseren gesichtern auch	onaangedaan van onze gezichten ook
morgen wird sie strahlen	morgen zal ze stralen
seit dem morgen sind wir hier	we zijn sinds vanochtend hier
sie riefen uns und	ze riepen ons en
wir kamen du	we kwamen je
sprichst *die dentelle gefällt mir*	zegt *de dentelle bevalt me*
nicht ich will dieses muster von	*niet ik wil het motief van*
muhteber sie	*muhteber ze*
hat es mir gegeben ich	*heeft het mij gegeven ik*
will da weitermachen ein	*wil ermee doorgaan* je
hauch deine stimme die	stem is zwakjes de
sonne sticht durch die	zon prikt door de
dentelle meinen rücken meine	dentelle op mijn rug mijn
kopfhaut an sie	hoofdhuid ze
sind noch nicht fertig ich	zijn nog niet klaar ik
verstehe dich zum	begrijp je voor
mittag koche ich jemand	de lunch kook ik iemand
bringt etwas hinzu wir	brengt iets extra's mee we
sitzen versuchen zu essen eine	zitten proberen te eten een
gabel berührt ein	vork raakt een
reiskorn und	korrel rijst aan en
wartet wir versuchen wir	wacht we doen ons best we
sprechen über	hebben het over
dich fadime *ich muss sie*	je fadime *ik moet het*
neu machen sie gefallen mir	*opnieuw doen ze bevallen me*
nicht die dentelle es ist eine	*niet de dentelles* het beeld is
leichte schräge im bild ich	een beetje scheef ik
sehe es *schon einmal war sie*	zie het *op dat punt is ze*
an diesem punkt sagen wir	*al eens eerder geweest* zeggen we
über dich *sie kam*	over je *ze kwam*
zurück sie ist stark sie	*terug ze is sterk ze*
kann es wieder sagen wir	*zal het weer halen* zeggen we
über dich an	over je op
diesem tag die	deze dag de

Özlem Özgül Dündar — Gedichte | Gedichten

dentelle sie ist schräg sie	*dentelle* ze is scheef ze
ist nicht fertig ich	is niet klaar ik
verstehe dich wir	begrijp je we
wischen dein gesicht wir	vegen je gezicht af we
sagen *sie kommt zurück* eine	zeggen *ze komt terug* een
frau spricht zu dir	vrouw spreekt tegen je
hatice du	*hatice* jij
erkennst sie	herkent haar
hatice bist du hier und	*hatice ben jij hier* en
du erkennst sie	jij herkent haar
aus all den anwesenden und	van alle aanwezigen en
du willst ihr gesicht sehen doch	je wilt haar gezicht zien maar
deine augen	je ogen
sehen nicht mehr und	zien niet meer en
am abend wir	's avonds we
werden wieder versuchen zu	zullen weer proberen te
essen doch	eten maar
bis zum abend	tegen de avond
bist du schon weg	ben je al weg
wenn du am	als je achter
steuer sitzt die	het stuur zit de
ladung im	lading in
rücken und	je rug en
dein lieblingssänger im	je lievelingszanger in
ohr vielleicht ist es	je oor misschien is het
ferdi tayfur träumst du von	ferdi tayfur droom je over
deiner frau oder einer	je vrouw of een
geliebten in istanbul von	geliefde in istanboel over
deinen kindern und	je kinderen en
ihren streitereien von	hun geruzie over
deinen enkeln und	je kleinkinderen en
ihrem spiel träumst du	hun spel droom je
said vielleicht von	said misschien van
deiner rente von	je pensioen van
abenden in denen du von	avonden waarop je de
deinem dachboden der	zon van anatolië kunt zien
sonne anatoliens beim	ondergaan vanaf je
untergang zusehen kannst immer	zolder steeds
wieder jeder tag bringt dir	weer iedere dag brengt je
einen neuen aufgang und	een nieuwe opgang en
einen neuen untergang bis	een nieuwe ondergang tot
bagdad beißt du	in bagdad bijt je
die zähne zusammen und	de tanden op elkaar en
betest zu hause beten sie	bid je thuis bidden ze

für dich toi	toitoi voor je
seit dreißig jahren toi du	al dertig jaar lang toitoi je
kennst inzwischen das	kent het land inmiddels
land die menschen ihre	de mensen hun
sorgen sind nicht	zorgen zijn niet
mit dir doch	bij jou maar
irgendwann holen ihre	eens zullen hun
sorgen dich noch	zorgen je inhalen
ein glaubst du	denk je
irgendwann erwischt es	dat het op een dag
dich doch glaubst du	jou zal treffen denk je
eines nachts werden sie vor	dat ze op een nacht voor
dir stehen du wirst anhalten müssen du	je zullen staan je zal moeten stoppen je
wirst vor deinen augen	zal in beelden je leven zien
passieren lassen bilder von	voorbijkomen je
deinem leben du	hoopt bij niemand
wirst hoffen bei niemandem	schulden na te laten zulke
schulden zu hinterlassen solche	die onvervulde dromen
die unerfüllte träume	duur te staan komen zulke
hoch kosten solche	die niet met geld te
die nicht mit geld zu	vereffenen zijn je
begleichen sind du	zal bidden je
wirst beten du	zal je afvragen of ze
wirst dich fragen ob sie	het thuis al weten je
zu hause bereits bescheid wissen du	recapituleert alles aan
wirst alles rekapitulieren am	het eind heb je een rekening die
ende wirst du eine rechnung haben die	misschien net in het rood staat maar
vielleicht ein wenig im minus ist doch	over 't geheel genomen
du wirst im großen und	zal je tevreden zijn en
ganzen zufrieden sein und	dan ben je er klaar voor vandaag
dann wirst du bereit sein heute	rijd jij je lading buiten
fährst du deine ladung draußen	vriest het je
ist es frostig du	verlangt naar
sehnst dich nach deinem	huis je
zuhause du	wil niet meer onderweg zijn je
willst nicht mehr unterwegs sein du	wil bij je vrouw zijn je
willst zu deiner frau du	moet om verscheidene kuilen heen rijden er
musst mehrere schlaglöcher umfahren es	is vorst maar
gibt frost doch	het land is van jou je
das land ist deins du	houdt van je land zoals de
liebst dein land sowie die	zomers van je land maken
sommer deines landes dich	dat je brandt maken de winters
brennen machen so	je stijf van de kou ondertussen kom je
machen die winter dich	in controles terecht de
frieren zwischendurch kommst du	politie van

Özlem Özgül Dündar — Gedichte | Gedichten

in kontrollen die
polizei von
der einen seite die
gendarmerie von
der anderen hast du
alle papiere ist
mit der ladung alles
in ordnung du
reist ohne zwischenfälle weiter der
erste eindruck wenn
man dich erblickt deine
stimme deine
gesten die ruhe es
macht alle zufrieden du
fühlst dich gut nur noch
siebenhundert kilometer bis
nach hause dort
wirst du halt machen für
einige tage bevor du
dich wieder ans steuer setzt im
innenraum ist es bestimmt
gut einundzwanzig grad
angenehme zimmertemperatur im
ohr tayfur ein
schlagloch ist vor dir
auf der straße vielleicht
so groß wie ein kleines kind mit
zugefrorenem regenwasser auch
das ist dein land dein
laster und du
ihr schleudert über
die straße einen
gurt hast du
noch nie getragen es
ist nicht der aufprall mit
dem asphalt der
dir das genick bricht dein
kopf ist lose dein
hals verdreht deine
wirbelsäule hat dir
die haut zerrissen die
scheibe deines lkws die
wucht sie war zu
viel für deinen hals deine
familie ist da du

de ene kant de
gendarmerie van
de andere heb je
alle papieren is
met de lading alles
in orde je
reist verder zonder incidenten de
eerste indruk als
iemand je ziet je
stem je
gebaren de rust
iedereen wordt er blij van je
voelt je goed nog maar
zevenhonderd kilometer tot
thuis je blijft er
een paar dagen voordat je
weer achter het stuur kruipt
binnen is het zeker
eenentwintig graden
aangename kamertemperatuur in
je oor tayfur er
zit een kuil in de weg
voor je misschien
zo groot als een klein kind met
bevroren regenwater ook
dat is je land je
vrachtwagen en jij
slippen over
straat een
gordel heb je
nooit om gedaan het
is niet de klap op
het asfalt die
je nek breekt je
hoofd is los je
nek verdraait je
ruggengraat heeft je
huid verscheurd de
ruit van je lkw de
druk was te
veel voor je nek je
familie is er je
zal overgaan vannacht en
ze vegen je gezicht schoon waar
heb je aan gedacht toen je

wirst übergehen heute nacht und
sie wischen dein gesicht sauber was
hast du gedacht als du
geschleudert bist hast du
revue passiert hast du
gewusst wir
waschen dich damit du
sauber hinübergehen kannst damit du
rein bist vom schmutz dieser welt wenn du
dort ankommst dein
gesicht deine haare deinen
ganzen körper waschen wir
wir waschen dich
die erde ist gefroren so
wie das regenwasser sie
treffen auf stein und
eis als die männer mit
ihren spaten die
erde versuchen zu
zerschlagen am anderen ende der
stadt liegt das
feld das werden soll zu einem
friedhof said wir
haben keinen platz mehr für dich
gefunden neben deinem
vater deiner
schwester die
als erste ging von euch und
dein großvater dessen
grab ist im jemen so
glauben wir zwischen
tausenden ein hof in
dem tote und lebende in
frieden sein sollen deinem
großvater unvergönnt das
eine feld das zum hof wurde für
frieden in der stadt ist voll wo
sollst du deinen frieden haben wenn
alles voll ist am
anderen ende der stadt wo
noch die hügel und
die berge kahl und
ungezeichnet sind da
soll ein neuer hof entstehen dort
schlagen die männer ihren

slipte wat passeerde
je geestesoog wist je
dat we je
gaan wassen dat
je schoon over kunt gaan dat
je gereinigd bent van het vuil van de
               wereld als je
daar aankomt je
gezicht je haar je
hele lichaam wassen we
we wassen je
de aarde is bevroren als
het regenwater ze
stoten op steen en
ijs als de mannen met
hun schoppen de
aarde proberen stuk
te slaan aan de andere kant van
de stad ligt het
veld dat de
begraafplaats zou moeten worden
said we
hebben voor jou geen plek meer
kunnen vinden naast je
vader je
zus die
van jullie als eerste ging en
je grootvader wiens
graf in jemen is althans
dat geloven we tussen
duizenden een plek waar
de doden en de levenden in
vrede zouden moeten zijn je
grootvader was het niet vergund dat
ene veld dat een plek is geworden voor
vrede in de stad is vol waar
moet jij je rust vinden als
alles vol is aan
de andere kant van de stad waar
de heuvels en
de bergen noch kaal en
niet getekend zijn daar
zal een nieuwe plek komen daar
banen de mannen zich een
weg door de aarde de

Özlem Özgül Dündar — Gedichte | Gedichten

weg durch die erde die	leegte van het veld is onopgemerkt omdat
leere des feldes ist unbemerkt denn	de mensen naar je toestromen
die menschen strömen zu dir	said ze willen je
said sie wollen dir	de laatste eer bewijzen midden in
die letzte ehre erweisen mitten im	het leven heb je gestaan zoveel
leben gestanden so	banden zijn verbroken midden in
viele bindungen mitten im	het leven de
leben gebrochen der	muezzin leest de
muezzin liest für dich die	eerste mis voor jou we
erste messe wir	gaan je laatste weg met je
gehen mit dir deinen	noch ben je
letzten weg noch bist du	de enige noch ben je eenzaam
der einzige noch bist du	op het veld je
einsam auf diesem feld deine	vrouw en je
frau und deine	kinderen rouwen om je en om
kinder trauern um dich und um	je toekomstige eenzaamheid ze
deine zukünftige einsamkeit sie	rukken zich de haren uit het hoofd een
reißen sich die haare aus ein	graf voor het gezin zou hier
grab für die familie soll hier	komen een
entstehen ein	graf tegen de
grab gegen die	eenzaamheid het
einsamkeit es	zal gaan groeien zijn
wird wachsen den	natuurlijke loop nemen zelfs in
natürlichen lauf gehen auch im	de dood willen ze je niet
tod will man dich nicht	eenzaam achterlaten we
einsam lassen wir	eten baklava de
essen baklava die	beste die er is op
beste die es gibt auf	deze wereld je
dieser welt deine	geboortestad is bekend om
geburtsstadt ist legendär für	haar legendarische
baklava und	baklava en
für deine gäste soll es	voor je gasten moet er
nur das beste vom besten geben und	alleen maar het beste van het beste zijn en
wir trinken mokka süß mit	we drinken mokka zoet met
milch *das leben geht durch den*	melk *de weg van het leven gaat door de*
magen so sagen wir	*maag* zo zeggen we dat
wir beten für deine	we bidden voor je
seele und	ziel en
lassen dich mit	laten je achter met
deiner neuen einsamkeit noch	je nieuwe eenzaamheid nog
zweimal werden wir alle	twee keer zullen we allemaal
für dich zusammenkommen und	samenkomen voor jou en
für deine	bidden voor je
seele beten	ziel

wir fahren im auto zu euch der	we rijden in de auto naar jullie de
natürliche gang der dinge hat euch	natuurlijke gang van zaken heeft jullie
zusammengeführt an	op dit punt bij
diesem punkt wir	elkaar gebracht we
fahren entlang einer langen reihe von	rijden langs een lange rij van
gräbern links und	graven links en
rechts von uns	rechts van ons
vor und	voor en
hinter uns und	achter ons en
beim blick nach vorne auf	als we vooruit kijken naar
die hügelwände immer weiter	de wand van heuvels alsmaar
gräber die felder sind gefüllt mit	graven de velden zijn gevuld met
menschen in abertausend löchern in	mensen in vele duizenden gaten in
der erde liegen sie wie	de aarde liggen ze zoals
ihr schon wird es voll und	jullie het loopt al vol en
mit jedem tag schwerer dort ein	met elke dag wordt het moeilijker om
noch unbelegtes fleckchen erde zu	nog een onbezet plekje aarde te
finden ein	vinden een
neues feld wird bereitgestellt für	nieuw veld wordt gereed gemaakt voor
die körper ein	de lichamen een
neuer hof soll gebaut werden einer	nieuwe plek zou worden gebouwd een
der für den frieden ist einer	die voor vrede is een
der natürlich wächst es	die op een natuurlijke manier groeit er
braucht nur eins	is maar een ding nodig
zeit eine reihe ist für	tijd een rij is voor
deine familie said und	je gezin said en
die andere ist für	de andere voor
alis die mutter ist jetzt auch	die van ali's ze liggen nu ook
an eurer seite sie	zij aan zij met moeder ze
ist zu euch gekommen wie	is bij hen gekomen hoeveel
viele kinder hat sie	kinderen heeft ze
hierher getragen welche	hierheen gedragen geen
mutter will daran glauben das	moeder die het kan geloven het
frischste grab deutlich erkennbar seine	meest verse graf is duidelijk herkenbaar de
erde ist noch luftig über dem	aarde ligt luchtig bovenop het
körper ein kleiner hügel bis sie	lichaam een kleine heuvel
mit der zeit nach und	die mettertijd beetje bij
nach einsinkt an	beetje wegzakt bij de
euren steinen hängen eure	graven die nog
kleider bei den	nieuw zijn hangen aan
gräbern die noch	de stenen jullie
neu sind bei dir ali ein	kleren bij jou ali een
hemd bei dir mutter das	hemd bij je moeder het
tuch das du	doek dat je
zuletzt getragen hast dein	voor het laatst droeg nu

grabstein trägt es	draagt de grafsteen het
jetzt für dich	voor jou
bald wenn	binnenkort als
die erde sich	de aarde gezakt
gesetzt hat bekommst du	is krijg ook jij
auch ein marmornes tuch um	een marmeren doek
dich zu bedecken zehn	om je ermee te bedekken tien
jahre vergangen seitdem ich	jaar zijn verstreken sinds ik
hier stand zum ersten	hier de eerste
mal dein grab ist alt said die	keer stond je graf is oud said de
zeit ist nicht	tijd is er niet
daran vorbeigegangen doch	aan voorbijgegaan maar
es leuchtet noch hell zwischen	het schijnt nog steeds helder tussen
den anderen wir	de anderen wij
pflegen es und	verzorgen het en
deins mutter deins	het jouwe moeder het jouwe
liegt noch da	ligt er nog steeds
unberührt das	onaangeroerd het
grab ist angelegt für	graf is voor vier personen
vier personen so	klaargemaakt zo
erinnere ich mich ein	herinner ik me een
familiengrab doch wenn	familiegraf maar als
man schaut es	je goed kijkt is
hat platz für sechs zwischen	er plaats voor zes tussen
mutter und	moeder en
ali ist ein freier platz und	ali is een plek vrij en
neben said sind noch zwei plätze die	naast said zijn nog twee plekken de
plätze neben euch ich	plekken naast jullie ik
schaue über das feld das	kijk over het veld dat
keins mehr ist über	geen veld meer is over
diesen hof des friedens der	deze plek van vrede die
überpackt ist mit körpern die	overvol met lichamen is de
sonne sticht mir ins auge und	zon prikt me in de ogen en
ich schütze mich mit	ik bescherm mezelf met
einer hand vor	één hand tegen
ihrem strahl meine	haar stralen mijn
augen streichen einen hang eine	ogen glijden over een helling een
menschensammlung zwischen einer	verzameling mensen tussen
körpersammlung ein	een verzameling lichamen een
sarg ein	doodskist een
hoca laute klagen und	hoca luid geklaag en
es sind viele und	het zijn velen en
ich denke *mitten aus*	ik denk *in het midden van*
dem leben von	*het leven van*
ihnen abgebrochen	*hen verbroken*

stecken bleiben

transferiere dich in die schönheit hinein von diesem körper der dich stecken macht in dingen von denen du n wissen willst in denen du n sein kannst von denen ein lebendes weg will u n kennen müssen will transferiere dich in die schönheit hinein von dem falschen in dem ein lebendes n sein will in dem man n bewegen sich kann in dem träume stecken bleiben zwischen den zellen des gehirns aus denen sie entsprungen sind aus denen sie weg wollen in die welt hinein

blijven steken

transfereer je in de schoonheid van dit lichaam dat je laat vastzitten in dingen waarvan je n wilt weten waarin je n kunt zijn waar het levende van weg wil e dat het n wil kennen transfereer je in de schoonheid van het verkeerde waarin het levende n wil zijn waarin men zich niet kan bewegen waarin dromen vastkomen te zitten tussen de hersencellen waar ze uit voortgekomen zijn waaruit ze willen ontsnappen de wereld in

euer klang

als der wind schlägt den sand gegen eure steine stehe ich u horche nach dem klang eurer stimmen u wenn eure gräber eingebettet werden u ich stehe u höre den klang u ich ahne die geschichten die unerzählten u wenn eure körper liegen unter der erde u eure stimmen abgebrochen sind von uns u ich suche nach den geschichten den unerzählten die vergraben liegen mit euren klängen u suche nach etwas das ich n habe das vergraben liegt in der erde u unter stein u der wind klingt in meinem ohr als er schlägt den sand gegen eure steine

jullie klank

als de wind het zand slaat tegen jullie stenen sta ik e luister naar het geluid van jullie stemmen e als jullie graven zijn ingebed e ik sta e hoor het geluid e ik de verhalen voorvoel de onvertelden e als jullie lichamen onder de aarde liggen e jullie stemmen van ons zijn afgebroken e ik zoek naar de verhalen de onvertelden die met jullie geluiden begraven zijn e zoek naar iets dat ik n heb dat begraven is in de aarde onder steen e de wind klinkt in mijn oor als hij het zand slaat tegen jullie stenen

Özlem Özgül Dündar — Gedichte | Gedichten

blicke schweifen

wenn sich die blätter drehen wenn wir uns voneinander w enden stehen zwischen stühl en worte n mehr fallen woll en zwischen uns aus unseren mündern die blicke schweife n die augen einander n mehr suchen körper sich n mehr e rinnern an dinge die einmal waren wenn dinge n mehr p assieren bilder n mehr entst ehen wenn sich die blätter dr ehen erst das eine u dann das andere blatt u immer so weit er sich bewegen in andere ri chtungen in unbekanntes in ungewolltes unsere körper si ch wenden voneinander der eine u dann der andere augen n suchen einander blicke sch weifen in richtungen in entf ernte u worte n gesprochen werden wollen

ogen dwalen

als de bladeren draaien als we ons van elkaar afker en tussen stoelen staan woo rden n langer willen vallen tussen ons uit onze monden ogen dwalen onze blikken el kaar n langer meer zoeken o nze lichamen zich dingen n meer herinneren die vroeger waren als niets meer voorva lt beelden n langer meer op komen als de bladeren draai en eerst het ene e dan het andere blad e zo door e doo r steeds in andere richting en naar het onbekende het o ngewenste onze lichamen zic h van elkaar afkeren het ene e dan het ander onze blikke n elkaar n langer meer zoek en afdwalen in richtingen v er verwijderd e woorden n g esproken willen worden

Vertaling/Übersetzung: Annelie David

gedachten trekken

Annelie David over Özlem Özgül Dündar

IN DE LAATSTE AFDELING van Dündars debuutbundel *gedanken zerren (gedachten trekken)* wordt in het gedicht *voor de lichamen van de doden* het witte dodendoek ingeruild voor een zwarte. Dat is overigens ook al in *manieren van sterven te dragen* het geval. In het begin van dat gedicht krijgt de ik-persoon een zwart doek aangereikt, een dentelle die het ik opzij legt. Het is haar tijd nog niet, althans dat veronderstelt de ik terwijl we in het vervolg van het gedicht steeds weer ondervinden dat de dood het moment van ons heengaan zelf kiest. In *voor de lichamen de doden* spreken de doden tot ons:

het doek l / igt over onze gezichten / het zwarte voor de lichamen / van de dode / n samen begon de w / eg samen lopen we h / et laatste stukje klaar zijn d / e gaten in de aarde gegrav / en voor de laatste weg sam / en

Opmerkelijk aan de gedichten uit deze bundel is de strakke vormgeving. Verticale rechthoeken met identiek lange regels in het midden van de bladspiegel. Omgeven door veel witruimte lijken ze op kleine afgesloten containers waarbinnen zich het denken afspeelt. Door de strakke vorm ontstaan er ongewone afbrekingen die je als lezer over de woorden laten struikelen. Bovendien heeft Dündar ervoor gekozen om de woordjes *en* en *niet* als *e* en *n* aldus als losse letters in de teksten te laten verschijnen. Zo wordt het ritme van de tekst tijdens het lezen onderbroken. De onderbreking stelt je in staat om adem te halen, stelt je in staat om te stoppen. Dat is ook nodig bij deze verontrustende teksten. De gedichten zijn geen veilige plek of toevluchtsoord. Niet alleen de vorm weerspiegelt geslotenheid maar ook de inhoud. In het gedicht *blijven steken* wordt een jij uitgenodigd om zich in de schoonheid van het lichaam van de ander te verplaatsen. Maar het lichaam is een plek waarin dingen en dromen vastzitten, waarbinnen niet bewogen kan worden, waarin wat leeft niet wil zijn.

Onze gedachten worden in grote mate door het lichamelijke bepaald. Niet alleen doordat we met onze zintuigen observeren maar omdat onze uiterlijke verschijning reacties uitlokt die onze opvattingen over vrijheid, gelijkheid en identiteit beïnvloedt.

De vraag wie te zijn komen we in de gedichten regelmatig tegen. Identiteit is opgelegd. Het lichaam is onbetrouwbaar. De zoektocht naar het zelf gebeurt in de taal, maar ook de taal zelf zoekt naar een ruimte waar ze aan toebehoort. Er is sprake van verspreken, misverstanden, elkaar niet begrijpen. Dat doet pijn en wordt zelfs fysiek ervaren. Woorden als kramp, klappen krijgen, breken, ineenkrimpen, schaven, rukken, afrossen worden gebezigd. Het trekt aan de ik-persoon niet te weten 'wat ik ben wat ik zou moeten zijn'. Er zijn verwachtingen waaraan de ik zou moeten voldoen. Hoe moet je dat doen als je niet weet wie je bent? Wat rest je als je noch hier noch daar schijnt te horen?

gedanken zerren

Annelie David über Özlem Özgül Dündar

Im letzten Teil ihres Debütbandes *gedanken zerren* wird im Gedicht »für die körper die toten« das weiße Tuch durch ein schwarzes ersetzt. Wie auch schon in *arten zu sterben tragen*, übrigens. An dessen Beginn bekommt das lyrische Ich ein schwarzes Spitzentuch gereicht, das sofort beiseitegelegt wird. Ihre Zeit ist noch nicht gekommen, das jedenfalls unterstellt das Ich, während wir im weiteren Verlauf des Gedichts immer wieder feststellen müssen, dass der Tod den Moment des Hinscheidens bestimmt. In *für die körper die toten* sprechen die Toten zu uns:

> das tuch l / iegt über unseren gesichtern / das schwarze für die körper / der tote / n zusammen begann der w / eg zusammen gehen wir da / s letzte stück bereit liegen d / ie löcher in die erde gegrab / en für den letzten weg gemei / nsam

Auffällig an den Gedichten dieses Bandes ist das strenge Layout. Vertikale Rechtecke mit gleichlangen Versen in der Mitte der Seite. Eingebettet in viel Weiß wirken sie wie kleine, abgeschlossene Container, in denen das Denken stattfindet. Durch die strenge Form ergeben sich ungewohnte Trennungen, als Leser*in stolpert man. Außerdem reduziert Dündar die Wörter *und* und *nicht* auf ihre Anfangsbuchstaben, also *u* und *n*. So wird der Rhythmus des Textes beim Lesen unterbrochen. Die Unterbrechung erlaubt es, Atem zu holen, erlaubt es aufzuhören. Und das ist auch nötig bei diesen verstörenden Texten. Die Gedichte bieten keinen sicheren Ort, keine Zuflucht. Nicht nur die Form vermittelt Geschlossenheit, sondern auch der Inhalt. Im Gedicht »stecken bleiben« wird ein lyrisches Du aufgefordert, sich in die Schönheit eines fremden Körpers hineinzuversetzen. Aber dieser Körper ist ein Raum, in dem Dinge und Träume gefangen sind, in dem man sich nicht bewegen kann, in dem, was lebt, nicht sein will.

Unsere Gedanken werden maßgeblich durch das Körperliche bestimmt. Nicht nur, weil wir über die Sinnesorgane wahrnehmen, sondern weil unsere äußere Erscheinung Reaktionen hervorruft, die unsere Auffassungen über Freiheit, Gleichheit und Identität beeinflussen.

Die Frage danach, wer man sein soll, begegnet uns in den Gedichten immer wieder. Identität ist fremdbestimmt. Der Körper unzuverlässig. Die Suche nach dem Selbst findet in der Sprache statt, aber auch die Sprache sucht nach einem Raum, in dem sie sich zugehörig fühlen kann. Von Versprechern ist die Rede, von Missverständnissen, nicht nachvollziehen können, was der andere meint. Das tut weh und wird sogar physisch erlebbar. Wörter wie Krampf, schlagen, brechen, zusammenzucken, aufschürfen, zerren, prügeln werden benutzt. Es nagt am lyrischen Ich, nicht zu wissen, »was ich bin w / as ich sein soll«. Es muss Erwartungen erfüllen. Aber wie soll das gelingen, wenn man nicht weiß, wer man ist? Was bleibt, wenn man nicht hierhin und nicht dorthin zu gehören scheint?

Übersetzung: Ruth Löbner

'Angst en hoop. Woede en vreugde.'
Gedichten tegen klimaatverandering.

POETRY FOR FUTURE

in dialoog met de /
im Dialog mit den

KLIMAATDICHTERS

SAMUEL J. KRAMER

MOYA DE FEYTER

»Angst und Hoffnung. Wut und Freude.«
Gedichte gegen den Klimawandel.

MOYA DE FEYTER: Ik ben opgegroeid en heb letterkunde gestudeerd met het idee dat kunst nooit 'gebruikt' mag worden om een concreet maatschappelijk doel te dienen, dat het dan sowieso minder goede kunst is. Het heeft mij best wat tijd gekost om me over dat dogma heen te zetten en dit project te beginnen. Herken jij dat gevoel?
SAMUEL J. KRAMER: JAAA! Een deel van mij gelooft nog steeds dat ik mijn politieke opvattingen moet verwerken, verbergen en poëtiseren om werkelijk goede gedichten te kunnen schrijven. Ik vind het spannend en bevrijdend dat je deze overtuiging een dogma noemt. Ik denk dat we leven in een tijd van grote urgentie. Net als wij allemaal moet poëzie vechten voor het goede leven, en dus vechten voor haar overleven. Als ze dat voor zichzelf wil verdoezelen, kan wat een kracht zou moeten zijn, een zwakte worden.

SAMUEL: Denk je dat literatuur een specifieke politieke lading heeft, met name dan de poëzie?
MOYA: Elke taaluiting heeft een politieke lading. Taal is politiek. Wanneer je bij het maken van een zin het ene woord boven het andere verkiest, bega je een politieke daad. Politiek gaat over de manieren waarop mensen samenleven en hoe je dat samenleven organiseert, welke vrijheden en verantwoordelijkheden het met zich meebrengt. Telkens wanneer je als schrijver een idee – over mensen, over land, over eigendom, over hoop, over schuld, over familie, over armoede – via woorden de wereld in duwt, dan ben je politiek bezig. Je brengt een van oorsprong persoonlijke gedachte over op een groep mensen, waardoor die niet langer persoonlijk is.

Poëzie kan functioneren als een verbinder tussen mensen. Ik ben een grote liefhebber van de orale traditie van poëzie, de poëzievoordrachten die bij rituelen aanleunen, het doorgeven van woorden en ideeën van mens op mens en van generatie op generatie – dat is allemaal politiek, maar een vorm van politiek die boven partijen, zelfs boven tijd en ruimte uitstijgt.

MOYA: Het blijft ook een valkuil. Hoe tijdsgebonden mag poëzie zijn? En hoe vermijd je boodschapperigheid in zoiets als klimaatpoëzie?
SAMUEL: Misschien schuilt er schoonheid en kracht in boodschapperigheid. Popart heeft de poëzie van commerciële reclameborden aan het licht gebracht. Misschien moeten we, om het wat provocatief te stellen, de poëzie van demonstratieborden aan het licht brengen en doorontwikkelen? Dat is niet alleen een

Annelie David, Moya De Feyter, Saskia Stehouwer (redactieteam), *Zwemlessen voor later*, Uitgeverij Vrijdag, 2020

kwestie van woordspelingen, als je ziet hoe dicht spokenwordpoëzie en politieke redevoeringen – vooral in het Engels – bij elkaar liggen. Dat is voor mij de aanleiding om zelf (weer) wat boodschapperiger te durven zijn. Wat ik uit de politieke poëzie van onze tijd wil meenemen, is in ieder geval de veelvormigheid ervan, de maximale oprekking van wat ik onder poëzie versta, een oprekking die zich niet opoffert voor politiek, maar zich er dialectisch toe verhoudt.

SAMUEL: Twijfel je wel eens of het zin heeft gedichten te schrijven bij al die crisissen? Wat doe je als dat gebeurt of als je het gevoel hebt dat schrijven alleen niet verder helpt?
MOYA: Ik ben er meer dan ooit van overtuigd dat we moeten schrijven. We moeten schrijven voor alle mensen en dieren en planten die daar niet toe in staat zijn, bijvoorbeeld omdat ze niet kunnen spreken, geen rechten hebben of te veel met overleven bezig zijn. Je kunt je natuurlijk de vraag stellen of je niet beter plastic gaat ruimen dan alweer een klimaatgedicht te schrijven. Misschien komt er ooit een dag waarop ik van koers verander en het praktisch activisme induik, maar op dit moment is poëzie mijn sterkste werktuig. Het is het enige waar ik talent voor heb en dus het enige dat ik met toewijding en plezier ter beschikking kan stellen voor iets dat groter en belangrijker is dan ik. Ik maak me veel zorgen om

Samuel J. Kramer (Hrsg.), *Poetry for Future*, Satyr, 2020

MOYA DE FEYTER: Ich habe lange geglaubt – auch als ich Literatur studierte –, dass Kunst nicht dazu da ist, um einem konkreten gesellschaftlichen Zweck zu dienen, dass »Gebrauchslyrik« künstlerisch an und für sich schon weniger wertvoll wäre. Es hat eine ganze Weile gedauert, bis ich dieses Dogma überwunden und das Projekt »Klimaatdichters« gestartet habe. Kennst du das Gefühl?

SAMUEL J. KRAMER: JAAA! Ein Teil von mir glaubt immer noch, dass ich meine politische Ansicht verarbeiten, verstecken, poetisieren muss, um wirklich gute Gedichte zu schreiben. Ich finde es spannend und befreiend, dass du diese Überzeugung als Dogma bezeichnest. Ich glaube, wir leben in einer Zeit großer Notwendigkeiten. Die Poesie muss, wie wir alle, ums gute Leben, mithin ums Überleben kämpfen. Wo sie das vor sich selbst verheimlichen will, könnte, was Stärke sein soll, eine Schwäche werden.

SAMUEL: Glaubst du an ein besonderes politisches Potenzial der Literatur, oder sogar spezifisch der Poesie – und warum?

MOYA: Jede Sprachäußerung hat politisches Potenzial. Sprache ist Politik. Entscheidet man sich beim Formulieren eines Satzes für dieses eine Wort und nicht für das andere, ist das schon eine politische Tat. Politik dreht sich um die Frage, wie Menschen zusammenleben und wie man dieses Zusammenleben organisiert, welche Freiheiten und Verantwortlichkeiten damit einhergehen. Immer, wenn man als Autor oder Autorin ein Bild – von Menschen, Land, Eigentum, Hoffnung, Schuld, Familie, Armut – mithilfe von Worten in die Welt entlässt, ist man politisch aktiv. Man übermittelt einen ursprünglich persönlichen Gedanken einer Gruppe Menschen, wodurch er nicht mehr persönlich ist.

Poesie kann als Bindeglied zwischen Menschen fungieren. Ich bin eine große Liebhaberin der oralen Lyriktradition, der Poesierezitationen, die sich an Rituale anlehnen; das Weitergeben von Worten und Ideen von Mensch zu Mensch und von Generation zu Generation – das alles ist Politik, aber eine Form der Politik, die über Parteien, und sogar über Zeit und Raum, hinausgeht.

MOYA: Das ist aber nach wie vor nicht ohne Risiko: Wie zeitgebunden kann Poesie sein? Wie schreibt man so etwas wie Klimapoesie ohne plakative Penetranz?

SAMUEL: Vielleicht gibt es Schönheit und Stärke in plakativer Penetranz. Pop-Art hat die Poesie auf kommerziellen Plakatwänden sichtbar gemacht. Vielleicht gilt es, provokant gesagt, die Demo-Plakaten inhärente Poesie sichtbar zu machen und weiterzuentwickeln? Nicht nur ein Wortspiel, wenn man sich die Nähe von Spoken Word und politischen Reden – insbesondere im Englischen – anschaut. Ich will das zum Anlass nehmen, selbst (wieder) mutiger plakativ zu sein. Was ich aus der Betrachtung der politischen Lyrik unserer Zeit mitnehmen will, ist in jedem Fall die Vielfalt der Formen, die maximale Ausweitung dessen, was ich als das Lyrische verstehe – eine Ausweitung, die sich nicht dem Politischen opfert, sondern mit diesem in einer dialektischen Beziehung steht.

SAMUEL: Kommt es vor, dass du am Schreiben von Gedichten im Angesicht der Krise zweifelst? Was tust du, wenn das passiert – oder wenn dir zu schreiben nicht mehr reicht?

MOYA: Ich bin mehr denn je davon überzeugt, dass wir schreiben müssen. Wir müssen für alle Menschen und Tiere und Pflanzen schreiben, die das selbst nicht vermögen, zum Beispiel, weil sie nicht sprechen können, keine Rechte haben oder um das Überleben kämpfen müssen. Natürlich kann man sich die Frage stellen, ob man nicht besser Plastikmüll aufräumen sollte statt ein weiteres Klimagedicht zu verfassen. Vielleicht kommt irgendwann der

de toestand van de wereld en ik twijfel me te pletter, maar ik keer altijd terug naar de poëzie. Het is mijn baken, en ik kan alleen maar hopen dat het ook voor anderen een baken kan zijn.

Daarnaast heb ik van de klimaatdichters geleerd dat je met een groepje gelijkgestemde dichters meer kunt doen dan louter gedichten schrijven. We willen de werkelijkheid niet uit het oog verliezen en soms ook heel concrete projecten aangaan. Zo gaat de opbrengst van onze bundel naar de herebossers van *One World Tree Planting*, hebben we al dichters naar klimaatprotesten gestuurd, verspreiden we plantbare kaartjes waarmee je naar poëtische performances kunt luisteren en willen we graag samenwerken met ecologische landbouwers. Tot dat soort dingen is een enigszins zwaarmoedige dichter als ik in haar eentje niet in staat, maar met gebundelde krachten kan dat opeens allemaal wel. Dat is toch fantastisch?

MOYA: Hoe is *Poetry for Future* ontstaan? Wat was voor jou de aanleiding? Wat hoopte je te bereiken met dit boek?
SAMUEL: Het idee komt eigenlijk van twee mensen, van mijn uitgever en mij. Ik heb altijd al geprobeerd mijn politieke engagement en mijn werk als kunstenaar te combineren. Het boek was het logische gevolg daarvan. Met dit boek wil en wilde ik van alles bereiken, ambitieuze en bescheiden doelstellingen: ik wilde teksten die zijn ontstaan vanuit hetzelfde verlangen, van auteurs uit verschillende scenes, van verschillende leeftijden en uit verschillende landen met elkaar in gesprek brengen zonder ze te uniformiseren. Ik wilde met woorden een steentje bijdragen aan de duurzame-transformatielawine. Ik wilde een boek publiceren. Veel daarvan is gelukt – en het mooiste is dat er uit dit boek telkens nieuwe samenwerkingsverbanden en mogelijkheden ontstaan.

MOYA: Ik heb begrepen dat jij op eigen initiatief deze samenstelling hebt geïnitieerd en zelf schrijvers hebt benaderd. Willen jullie ook in de toekomst verder samenwerken? Is er een soort collectief ontstaan zoals bij de klimaatdichters? Zou je dat willen?
SAMUEL: Ja, ik heb de auteurs die in de anthologie zijn opgenomen, zelf uitgezocht – maar verder bestaat er geen vast verband tussen hen. Uit het boek zijn kleinere samenwerkingsprojecten met deze of gene dichter ontstaan, maar er bestaat geen collectief. Ik denk dat ik er, tegen mijn solistische neiging in, in zou opgaan en er graag aan mee zou doen – wat ook de reden is dat ik meteen heb toegezegd om met de klimaatdichters in gesprek te gaan en over een mogelijke samenwerking na te denken.

SAMUEL: Wat kan volgens jou een samenwerkingsverband van dichters bewerkstelligen? Wat hoop je met de klimaatdichters te bereiken?
MOYA: Er is met de klimaatdichters op dit moment al meer bereikt dan ik, toen ik de oproep een jaar geleden lanceerde, voor mogelijk had gehouden. Nu het allemaal zo goed gaat, zijn we natuurlijk ambitieus. We hopen dat het een duurzame beweging wordt, eentje van de lange adem, dat ons werk veel mensen zal bereiken, dat we voorbij het poëziepubliek treden, dat we samenwerkingen zullen aangaan met wetenschappers en meer praktische activisten, groene landbouwers en dierenbeschermers, dat we een manier vinden om de aarde effectief een beetje te vergroenen, in de hoofden van mensen en in het landschap ... En zelf hoop ik ook dat we voor elkaar blijven zorgen, dat we met dit project een ideaal van samenwerking uitdragen. Veel dichters wilden al langer iets doen, maar het kader ontbrak – in je eentje ben je zo nietig. Ik hoop dat we elkaar verder dragen en hoger tillen: de dichters, de lezers, de bomen, de wormen.

SAMUEL: Waar is volgens jou meer behoefte aan: een beter begrip van de vreselijke gevaren die ons bedreigen of aandacht voor het utopische, de veranderende kracht van de crisissen?
MOYA: Ik denk dat er geen gebrek is aan aandacht voor gevaren. Ik kan de krant niet meer lezen zonder in paniek te geraken. Er is geen nood aan extra doembeelden; er is nood aan solidariteit en moed, en apocalyptische teksten maken mensen niet dapperder. Mensen kunnen zoveel angst niet aan. Ze keren zich af. Toen wij het plan voor *Zwemlessen voor later* hadden opgevat, heb ik de deelnemende dichters vriendelijk uitgenodigd om de apocalyps te vermijden, maar toen ik vervolgens zelf begon te schrijven, waren de zeven eerste versies van mijn gedicht uiterst somber en gewelddadig. Ik wou een gedicht maken dat mensen een hart onder de riem stak en toch geen pamperend wijsje werd en ik vond er geen vorm voor. Dat gedicht was – misschien omdat het een van de weinige gedichten is die ik ooit schreef met een welbepaald doel voor ogen – een van de moeilijkste die ik ooit heb gemaakt. En ik weet nog altijd niet of het zijn doel bereikt.

Tag, an dem ich den Kurs ändere und mich in den praktischen Aktivismus stürze, aber im Moment ist Poesie mein stärkstes Werkzeug. Sie ist das Einzige, wozu ich Talent habe, und somit das Einzige, das ich mit Hingabe und Freude zur Verfügung stellen kann von dem, was größer und wichtiger ist als ich. Ich mache mir große Sorgen um den Zustand der Welt und ich zweifle wie verrückt, aber ich kehre immer zurück zur Poesie. Sie ist mein Leuchtfeuer, und ich kann nur hoffen, dass sie das auch anderen sein kann.

Außerdem habe ich von den Klimadichtern gelernt, dass man mit einer Gruppe gleichgesinnter Lyriker*innen mehr machen kann, als nur Gedichte zu schreiben. Wir wollen die Wirklichkeit nicht aus den Augen verlieren und manchmal auch sehr konkrete Projekte angehen. So fließt der Erlös unseres Gedichtbandes dem Wiederaufforstungsprojekt *One World Tree Planting* zu, haben wir schon mal Dichter zu Klimaprotesten geschickt, verteilen wir pflanzbare Karten, mit denen man sich poetische Performances anhören kann, und möchten wir gern mit Öko-Landwirt*innen zusammenarbeiten. So etwas kann eine eher schwermütige Dichterin wie ich alleine nicht auf die Beine stellen, aber mit vereinten Kräften geht das alles plötzlich. Das ist doch großartig?

MOYA: Wie ist *Poetry for Future* entstanden? Was war für dich der Anlass? Was wolltest du mit dem Buch erreichen?
SAMUEL: Die Idee dafür stammt im Grunde von zwei Menschen, meinem Verleger und mir. Ich hatte immer schon versucht, mein politisches Engagement und meine künstlerische(n) Tätigkeit(en) engzuführen. Das Buch war die logische Entwicklung daraus. Mit dem Buch will und wollte ich alles Mögliche erreichen, hehre und niedere Ziele: Ich wollte Texte von Autor*innen verschiedener Szenen, verschiedenen Alters und aus unterschiedlichen Ländern ins Gespräch bringen, mit einem gemeinsamen Anliegen – ohne sie zu vereinheitlichen. Ich wollte einen kleinen Diskursstein werfen für die Nachhaltigkeitstransformationslawine. Ich wollte ein Buch veröffentlichen. Vieles davon hat geklappt – und das Schönste ist, dass sich immer wieder neue Kooperationen und Möglichkeiten aus diesem Buch ergeben.

MOYA: Ich verstehe es so, dass du selbst diese Gruppe der in der Anthologie *Poetry for Future* vertretenen Autor*innen ins Leben gerufen und dich von dir aus an die Schriftsteller*innen gewandt hast. Möchtet ihr auch in Zukunft weiter zusammenarbeiten? Hat sich eine Art Kollektiv herausgebildet wie bei den Klimadichtern? Würde dir das gefallen?
SAMUEL: Ja, ich habe die Autor*innen zusammengesucht, die in der Anthologie veröffentlicht wurden – darüber hinaus gibt es aber keinen festen Verbund. Es entstanden kleinere Zusammenarbeiten mit Einzelnen, vermittelt über das Buch, aber es gibt kein Kollektiv. Ich glaube, ich würde, entgegen meinen eigenbrötlerischen Tendenzen, aufgehen in so etwas und wäre gern dabei – was ja auch einer der Gründe ist, warum ich sofort zugesagt habe, ins Gespräch mit den »Klimaatdichters« einzusteigen und über Kooperationsmöglichkeiten nachzudenken.

SAMUEL: Was denkst du, kann ein Zusammenschluss von Dichter*innen leisten, was hoffst du mit den »Klimaatdichters« zu erreichen?
MOYA: Mit den »Klimaatdichters« wurde schon mehr erreicht, als ich vor einem Jahr, als ich den Aufruf startete, für möglich gehalten hätte. Jetzt, da alles so gut läuft, sind wir natürlich ehrgeizig geworden. Wir hoffen, dass eine nachhaltige Bewegung entsteht, mit Ausdauer, dass unser Werk größere Kreise zieht und wir mehr Menschen erreichen als das traditionelle Poesiepublikum, dass wir Kooperationen mit Wissenschaftlerinnen, praxisbezogenen Aktivisten, grünen Landwirtinnen und Tierschützern eingehen können, dass wir es schaffen, die Erde tatsächlich ein wenig grüner zu machen, in den Köpfen der Menschen und in der Landschaft ... Und selbst hoffe ich auch, dass wir weiterhin füreinander sorgen, dass wir mit diesem Projekt ein Ideal von Zusammenarbeit verbreiten. Viele Dichter*innen wollten schon länger etwas unternehmen, fanden jedoch keinen Rahmen – allein ist man so unbedeutend. Ich hoffe, wir können einander weiter tragen und höher heben: die Dichter*innen, die Lesenden, die Bäume, die Würmer.

SAMUEL: Wovon braucht es deiner Meinung nach mehr: ein größeres Verständnis der realen und schrecklichen Gefahr – oder Aufmerksamkeit für das utopische und wandlerische Potenzial der Krisen?
MOYA: Ich glaube, es mangelt nicht an Aufmerksamkeit für Gefahren. Ich kann die Zeitung nicht mehr lesen, ohne in Panik zu geraten. Es braucht nicht noch mehr verhängnisvolle Bilder; es braucht Solidarität und Beherztheit, und apokalyptische

SAMUEL: Wie zijn je voorbeelden, specifiek bij het schrijven?
MOYA: Ik ben erg onder de indruk van het werk van Anne Carson. Ik beweeg me steeds meer op het grensgebied tussen de literaire genres, en dat doet zij ook. Daarnaast vind ik het prachtig hoe zij hedendaagse gebeurtenissen en persoonlijke gevoelens vervlecht met mythes en filosofisch gedachtegoed. Verder heb ik diepe bewondering voor muzikanten-schrijvers als Kate Bush (is zij niet de stem van Moeder Aarde?) en Tori Amos. Poëzie beperkt zich niet tot het papier. De romans die ik het liefst lees, zijn die van Milan Kundera – het is zijn schuld dat ik voorlopig nauwelijks proza durf te schrijven. Maar meer nog dan door de poëzie word ik geïnspireerd door non-fictieteksten, bijvoorbeeld over de communicatiesystemen van bomen of de samenwerkingsverbanden tussen planten en insecten, de manier waarop walvissen hun kinderen zogen, de krachten waarmee planeten en sterrenstelsels op elkaar inwerken, etc. Dat soort kennis maakt mij enthousiast en prikkelt mij om te schrijven, ze haalt mij uit het donkere, gefrustreerde mensenhoofd en breekt werelden open.

MOYA: Vanuit de klimaatdichters proberen we ons een wereld te verbeelden waarin de mens niet het middelpunt is, waarin alle levensvormen evenveel plaats innemen en evenveel aandacht krijgen. We proberen in de huid van dieren en planten te kruipen, maar kan dat eigenlijk wel?
SAMUEL: Dat is een vraag die me ook bezighoudt en die onlosmakelijk verbonden is met het perspectief van een duurzame leefwijze. Maar ik probeer bij het schrijven van poëzie niet zozeer op de vraag te kauwen wat ik over andere wezens kan weten, maar hoe ik mijn empathie, mijn respect en mijn waarneming kan vergroten en hoe ik die bredere waarneming kan overdragen. Ik heb geleerd om gedichten als emotionele en cognitieve katalysatoren te zien – en geprobeerd dat idee geen mystieke inhoud te geven.

MOYA: De klimaatdichters zijn intussen met 192 dichters, verspreid over heel Vlaanderen en Nederland. Die dichters zijn allemaal heel verschillend. Sommige zijn luid en activistisch, andere schrijven zachte natuurlyriek. In de kerngroep vragen we ons nu af of we op zoek moeten naar een nieuwe, overkoepelende taal om over het klimaat te praten. Er zijn dichters die gruwen van het woord 'klimaat*crisis*' omdat dat te beangstigend zou zijn; andere willen niets liever tonen dan precies dat apocalyptische toekomstbeeld. Is het aan dichters om een nieuwe taal in het leven te roepen? En hoe consequent moet die zijn? Of net: hoe hoopgevend? Is het onze taak om perspectieven aan te bieden in plaats van lezers te confronteren met toekomstige rampen?
SAMUEL: Ik vind het indrukwekkend als schrijvers, het doet er niet toe hoeveel het er zijn, zich alleen al kunnen voorstellen naar een overkoepelende taal te zoeken of die te vinden. Volgens mij moeten we het eens worden over de feiten. Daarmee bedoel ik de natuurwetenschappelijke en geopolitieke realiteit en de psychologische en sociale mechanismen daarvan (enz., enz.). Het is goed om daarin consistent te zijn, omdat er veel dingen zijn die iedereen zou moeten weten. Maar afgezien daarvan is uniformiteit niet nodig, een gezamenlijke inspanning volstaat.

Wat afgrijzen en utopie betreft, die zijn allebei nodig, denk ik: het besef van de rampen en een visie op het goede leven (dus het goede leven in het hier en nu en een mogelijk goed leven in de toekomst). Jonathan Lear heeft een minimale definitie van moed geformuleerd: moed betekent goed met de risico's van de wereld om kunnen gaan. In die zin hebben we voor moed beide nodig: het besef van de gevaren en het besef van onze kracht. Angst en hoop. Woede en vreugde. Misschien hebben de gedichten die al die elementen tot uitdrukking brengen, gemeen dat ze moedig zijn.

Vertaling: Ard Posthuma (vragen), Marianne van Reenen (tekst)

Texte machen Menschen nicht mutiger. So viel Angst ertragen Menschen nicht, dann wenden sie sich ab. Als wir den Plan für *Zwemlessen voor later / Schwimmunterricht für später* gefasst hatten, bat ich die teilnehmenden Lyriker*innen, die Apokalypse doch bitte auszulassen, aber als ich anschließend selbst anfing zu schreiben, waren die ersten sieben Fassungen meines Gedichts äußerst düster und gewalttätig. Ich wollte ein Gedicht machen, das andere erhebt und dennoch nicht zum einlullenden Singsang verkommt, und ich fand dafür keine Form. Das Gedicht war – vielleicht, weil es eines der wenigen Gedichte ist, die ich je mit einem bestimmten Ziel vor Augen geschrieben habe – eines der schwierigsten, die ich je gemacht habe. Und ich weiß noch immer nicht, ob es sein Ziel erreicht hat.

SAMUEL: Wer sind deine Vorbilder, besonders beim Schreiben?
MOYA: Das Werk von Anne Carson beeindruckt mich sehr. Ich bewege mich immer mehr im Grenzbereich zwischen den Literaturgenres, und das macht sie auch. Außerdem finde ich es wunderbar, wie sie heutige Ereignisse und persönliche Gefühle mit Mythen und philosophischem Gedankengut verflicht. Ferner hege ich tiefe Bewunderung für Songwriter*innen wie Kate Bush (ist sie nicht die Stimme von Mutter Erde?) und Tori Amos. Poesie ist nicht auf Papier beschränkt. Die Romane, die ich am liebsten lese, stammen von Milan Kundera – es ist seine Schuld, dass ich vorläufig kaum Prosa zu schreiben wage. Mehr jedoch als Poesie inspirieren mich Sachtexte, zum Beispiel über die Kommunikationssysteme der Bäume oder die Zusammenarbeit zwischen Pflanzen und Insekten, wie Wale ihre Jungen säugen, die Kräfte, mit denen Planeten und Sternsysteme aufeinander einwirken etc. Solches Wissen begeistert mich und stimuliert mich, darüber zu schreiben, es zieht mich aus dem dunklen, frustrierten Menschenkopf und bricht Welten auf.

MOYA: Als Klimapoet*innen versuchen wir, uns eine Welt vorzustellen, in der der Mensch nicht im Mittelpunkt steht, in der alle Lebensformen einen gleichberechtigten Platz einnehmen und die gleiche Aufmerksamkeit erhalten. Wir versuchen, uns in die Lage von Tieren und Pflanzen zu versetzen, aber ist das wirklich möglich?
SAMUEL: Das ist eine Frage, die auch mich umtreibt, untrennbar verbunden mit der Perspektive einer nachhaltigen Lebensweise. Ich versuche aber, für die Poesie weniger an der Frage zu knabbern, was ich wissen kann über andere Lebewesen, sondern wie ich meine Empathie, meinen Respekt und meine Betrachtung ausweiten und diese erweiterte Wahrnehmung erfahrbar machen kann. Ich habe gelernt, Gedichte als emotionale und kognitive Katalysatoren zu betrachten, – und versucht, diese Idee nicht mystisch aufzuladen.

MOYA: Die Klimadichter sind jetzt 192 an der Zahl, die über ganz Flandern und die Niederlande verteilt sind. Diese Dichter*innen sind alle sehr unterschiedlich. Einige sind laut und aktivistisch, andere schreiben eine eher zarte Naturlyrik. In der Kerngruppe fragen wir uns jetzt, ob wir nach einer neuen, übergreifenden Sprache suchen sollten, um über das Klima zu sprechen. Es gibt Dichter*innen, denen das Wort »Klima*krise*« ein Graus ist, weil es zu beängstigend wäre; andere wollen genau dieses apokalyptische Bild der Zukunft zeigen. Ist es Aufgabe der Dichter*innen, eine neue Sprache zu schaffen? Und wie konsistent sollte sie sein? Oder nur wie hoffnungsvoll? Ist es unsere Aufgabe, Perspektiven zu bieten, statt das Publikum mit zukünftigen Katastrophen zu konfrontieren?
SAMUEL: Ich finde es beeindruckend, wenn sich egal wie viele Schreibende auch nur vorstellen können, eine gemeinsame Sprache zu suchen oder zu finden. Ich denke, wir sollten uns über die Fakten verständigen. Damit meine ich die bio-physikalische und die geopolitische Realität und deren psychologische und soziale Mechanismen (und, und, und). Da bringt Konsistenz etwas, weil es viel gibt, das alle wissen sollten. Darüber hinaus brauchen wir aber keine Uniformität, nur vereinte Anstrengung.

In Sachen Horror und Utopie braucht es, denke ich, beides: Ein Bewusstsein für die Katastrophen und eine Perspektive auf die guten Leben (also das gute Leben im Jetzt und das mögliche in der Zukunft). Jonathan Lear hat als Minimaldefinition für Mut vorgeschlagen, dass Mut bedeutet, gut mit den Risiken der Welt umgehen zu können. Ich glaube, in diesem Sinne brauchen wir für den Mut beides: ein Gefahrenbewusstsein und ein Potenzialbewusstsein. Angst und Hoffnung. Wut und Freude. Vielleicht eint die Gedichte, die all das abbilden, mutig zu sein.

Übersetzung: Ard Posthuma (Fragen), Andrea Kluitmann (Text)

JOSÉ F. A. OLIVER EMPFIEHLT:
JOSÉ F. A. OLIVER TIPT:

Lütfiye Güzel
sans trophée

go-güzel-publishing, Duisburg / Berlin 2019

Wenn es so etwas gäbe wie die *Poesie der Direktheit* – Lütfiye Güzel wäre eine ihrer Vertreter*innen ersten Ranges. Denn: Die Dichterin bricht auf. Ständig. Aus den W:orten der unmittelbaren Menschen-Begegnungen in ihre eigenen Worte. In die Verse schließlich einer, ihrer Wahrnehmungsentscheidung – direkt; sie leistet sich dabei immer wieder die sanft-schroffe Ironie der Verlorenheit angesichts der plump-versteckten Verlogenheiten und (er)reicht dadurch einen wundersamen Augenblick der Trauer, der Widerstand bedeutet: »ein A / ein B / ein E / ein R«. Im Grunde sind ihre *direct poems* – deutende *Direkt-Gedichte* – Fragmente eines einzigen Lebenspoems. Aus dem Alltagsm:*und* in die Schreibhand übersetzt. Die (verordnet) eingespielten Beiläufigkeiten benennend, sie erzählend; entlarvend. Das tut gut. Und Not. Poesie als radikale Demaskierung. Sprech- und sprachgenau, frappierend offen in ihren Beobachtungen. Ohne postpoetologische Schleierschichten, weil »das herz blutet / wie ein / verkehrsunfall«. Aus dem Lebenswirklichen direkt anverwandelt und eingesprochen ans Lyrische gewandt. Was gesagt wird, ist. Was ist, wird gesagt. Das berührt, spricht an, spricht vor: »angeblich sind wir / menschen.«

KEINER BEWEGT SICH

das ist der song
für zweibeinige
denkmaschinen
ohne urvertrauen
wir tauschen
helm gegen helm
upper gegen downer
meanwhile
stirbt das t-shirt
in der trommel
darauf einmal
quer darüber:
ein A
ein B
ein E
ein R

▼▼▼

Lütfiye Güzel: sans trophée
Gedichtpublikation, handgemacht
Gedichtpublicatie, handgemaakt
Duisburg / Berlin 2019
https://luetfiye-guezel.tumblr.com/

Mocht er zoiets bestaan als *poëzie van de directheid*, dan zou Lütfiye Güzel in die categorie tot de besten behoren. Ze trekt van leer, deze dichteres. Non stop. Vanuit de w:oorden van mensen / ontmoetingen / confrontaties naar woorden van haarzelf. Naar verzen van eigen beslissende oren- en ogenschouw – direct. Daarbij veroorlooft ze zich steeds de zacht-abrupte ironie van de verlorenheid in weerwoord van alle plomp verstopte verlakkerij en bereikt daarmee een wonderbaarlijk ogenblik van treurnis die verzet (aan)tekent: 'een M / een A / een A / een R'. In wezen zijn haar *direct poems* – (weg)wijzende instant-gedichten – fragmenten van één groot levensgedicht. Van mondwerk tot schrijvershand. Dat doet goed, doet wat te doen staat. Het benoemt de (gedoseerd) geregistreerde bijkomstigheden, vertelt erover, stelt aan de kaak. Poëzie als radicaal demasqué. Zorgvuldig articulerend, frappant door de openheid van haar waarnemingen. Zonder postpoëtologische poespas, want: 'het hart bloedt / als een verkeersongeval'. Uit de levende werkelijkheid direct eigen gemaakt en ingesproken, naar poëzie gekeerd. Wat gezegd wordt, is. Wat is, wordt gezegd. Dat raakt, spreekt aan, maakt spraak: 'naar het schijnt zijn we / mensen'.   **Vertaling: Ard Posthuma**

NIEMAND ROERT ZICH

dat is de song
voor tweebenige
denkmachines
zonder oervertrouwen
we ruilen
helm tegen helm
upper tegen downer
meanwhile
sterft het t-shirt
in de trommel
daarop 1 x
dwars eroverheen
een M
een A
een A
een R

Existenzielle Not —— oder die Rückkehr des »weniger Schönen« in die deutschsprachige Gegenwartslyrik

ALEXANDRU BULUCZ

Wenn ich meine bisher achtjährige Rezensionstätigkeit Revue passieren lasse, fällt mir an der deutschsprachigen Gegenwartslyrik insbesondere ihr Bedürfnis auf, der existenziellen Not des Menschen eine poetische Form zu geben. Es geht nicht so sehr darum, dass ihm diese Not schon qua Geburt gegeben ist, sondern vielmehr um jene Variablen, die für ihre Verstärkung sorgen. Ich meine etwa die folgenschwere anthropozentrische Unvernunft, die zu den Nuklearkatastrophen in Tschernobyl und Fukushima und zur Unbewohnbarkeit ganzer Regionen geführt hat.

In Mara-Daria Cojocarus Gedichtband *Anstelle einer Unterwerfung* (2017) sind die »Fauna und Flora in Pripyat« und der »rund um Fukushima« in Erscheinung tretende »Bläuling« zu postapokalyptischen Chiffren menschlicher Überheblichkeit und einer außer Kontrolle geratenen Technik avanciert. Cojocarus Plädoyer für den Versuch einer Nivellierung der Unterschiede zwischen Mensch und Tier zugunsten eines ethisch angemessenen Umgangs mit allen Lebewesen und Lebensformen ist dementsprechend nur konsequent: »Es ist das / alte Halsband Angst, nicht Mensch, nicht / Tier zu sein.« Das Weder-Mensch-noch-Tier-Sein bestimmt sie als »Gedankenwedeln« und »Schwanz / wedeln an der Schwelle des Bewusstseins«. Es tritt »anstelle einer Unterwerfung«, an die Stelle der katastrophalen Verfügbarmachung von Tieren. Die US-Philosophin Donna Haraway hat dafür den Begriff »Gefährtenspezies« geprägt.

Existentiële nood —— of de terugkeer van het 'minder schone' in de hedendaagse Duitse poëzie

Vertaling: Jan Sietsma

Als ik terugkijk op mijn inmiddels achtjarige loopbaan als recensent, dan valt mij aan de hedendaagse Duitse poëzie vooral de behoefte op dat ze aan de existentiële nood van de mens een poëtische vorm wil geven. Het gaat er niet zozeer om dat hij die nood bij geboorte al heeft meegekregen, maar eerder om de variabelen die ervoor zorgen dat deze nood sterker wordt. Ik denk bijvoorbeeld aan de verstrekkende antropocentrische irrationaliteit die tot de nucleaire rampen in Tsjernobyl en Fukushima en tot de onbewoonbaarheid van gehele regio's heeft geleid.

In Mara-Daria Cojocaru's dichtbundel *Anstelle einer Unterwerfung / In plaats van een onderwerping* (2017) zijn de 'flora en fauna in Pripjat' en het 'blauwtje' dat zich 'rondom Fukushima' vertoont postapocalyptische codetekens geworden van 's mensen aanmatiging en een uit de hand gelopen techniek. Het is dan ook alleen maar consequent als Cojocaru een pleidooi houdt om het onderscheid tussen mens en dier te nivelleren ten gunste van een ethisch passende omgang met alle levende wezens en levensvormen: 'Het is de / oude halsband angst, geen mens, geen / dier te zijn.' Ze beschrijft dat mens-noch-dier-zijn als 'gedachtenkwispelen' en als 'kwispel / staarten op de drempel van het bewustzijn'. Het treedt 'in plaats van een onderwerping', in de plaats van de catastrofale wijze waarop dieren dienstbaar worden gemaakt. De Amerikaanse filosofe Donna Haraway heeft hiervoor het begrip *companion species*, 'gezelschapssoorten' gemunt.

Cojocaru teilt ihren thematischen Schwerpunkt unter anderem mit Christoph Wenzel (s. den Zyklus »radioaktive wölfe« in *lidschluss* (2015)), Paul-Henri Campbell (s. den Zyklus »re:actor poems« in der Anthologie *Textland. Made in Germany I* (2018)) und Yoko Tawada (s. den Zyklus »Fukushima« – in Teilen in der Anthologie *all dies hier, Majestät, ist deins* (2016) und auf der Internetplattform lyrikline.org: »Heute Ruhetag‹ steht an der / Tür eines Friseursalons. Seit / drei Jahren hört der / Tag ›Heute‹ nicht / mehr auf und die Haare / wachsen woanders.« (»Fukushima 24«)).

Rückblick: »Auf dem ›weniger Schönen‹ fußt die ganze literarische Moderne«

Dieser thematische Schwerpunkt ist zu spezifisch, um als Charakteristikum einer breiteren Auswahl an neuerer deutschsprachiger Gegenwartslyrik gelten zu können. Er fällt jedoch unter das, was Ursula Krechel in ihrem Gedichtband *Beileibe und Zumute* (2021) als das »weniger Schöne« bezeichnet. Genau das scheint mir eine aussagekräftige Kategorie zu sein, durch die eine ganze Reihe von gegenwärtigen Poetiken in den Vordergrund rücken können. Mehr noch: Auf dem »weniger Schönen« fußt die ganze literarische Moderne – ihr Themenspektrum und ihre Stilistik. Zwei Beispiele:

1) Hugo von Hofmannsthals fiktiver *Chandos-Brief* (1902), der gemeinhin als Gründungsdokument der (Wiener) Moderne gelesen wird, rief die Unzulänglichkeit sprachlicher Ausdrucksmöglichkeiten angesichts der massiven Umbrüche in Gesellschaft, Industrie, Kultur und Politik auf den Plan und übte massive Sprachkritik. Diese besitzt bis heute Gültigkeit: Wo Komplexitäten zunehmen, dort nimmt auch die Sprachskepsis zu. Dies mag auch den Erfolg der Rede von den »im Munde wie modrige Pilze« zerfallenden Worten erklären. Sie gehört zu den meist zitierten Stellen in Wissenschaft und Feuilleton. Doch es wird oft vergessen, dass es nicht um beliebige Worte geht, die zerfallen, »sondern die abstrakten«: »›Geist‹, ›Seele‹ oder ›Körper‹«. In einer Variation der »modrigen Pilze« definierte Walter Benjamin *Die Aufgabe des Übersetzers* (1923) als den Versuch, die »morschen Schranken der eigenen Sprache« zu brechen. Wozu sollte er sie brechen? Chandos würde sagen: um der »Regenwürmer zum Angeln« willen, die sich unter

---

Cojocaru heeft dat thematische accent gemeen met onder anderen Christoph Wenzel (zie zijn cyclus 'radioaktive wölfe / radioactieve wolven' in *lidschluss / ooglidslot* (2015)), Paul-Henri Campbell (zie zijn cyclus 're:actor poems' in de bloemlezing *Textland. Made in Germany I* (2018)) en Yoko Tawada (zie haar cyclus 'Fukushima' – in delen in de bloemlezing *all dies hier, Majestät, ist deins / al dit hier, majesteit, is van jou* (2016) en op de website lyrikline.org: '"Vandaag gesloten" staat op de / deur van een kapsalon. Al / drie jaar houdt de / dag "Vandaag" niet / meer op en het haar / groeit ergens anders.' ('Fukushima 24')).

Terugblik: 'De gehele moderne literatuur berust op het "minder schone"'

Dat thematische accent is te specifiek om beschouwd te kunnen worden als een kenmerkende eigenschap van een ruimere selectie uit de recente en hedendaagse Duitstalige poëzie. Evengoed valt dat accent onder datgene wat Ursula Krechel in haar poëziebundel *Beileibe und Zumute / Beslist en Te moede* (2021) het 'minder schone' noemt. En juist dat lijkt mij een steekhoudend begrip waarmee we een gehele reeks hedendaagse poëtica's voor het voetlicht kunnen brengen. Sterker nog, de gehele moderne literatuur berust op het 'minder schone'– zowel in haar thematiek als in haar stilistiek. Twee voorbeelden:

1) Hugo von Hofmannsthals fictieve *Chandos*-brief (1902), die over het algemeen gelezen wordt als het stichtingsdocument van het (Weense) modernisme, stelde de kwestie van de ontoereikendheid van talige uitdrukkingsmogelijkheden aan de orde in het licht van de enorme omwentelingen binnen de samenleving, de industrie, de cultuur en de politiek, en oefende hevige taalkritiek uit. Die heeft tot op heden niets aan geldigheid ingeboet: waar complexiteit toeneemt, groeit ook scepsis jegens de taal. Dat verklaart wellicht ook het succes van de uitdrukking dat woorden 'in mijn mond als rottende paddenstoelen' uiteenvallen. Ze behoort in de wetenschap en de journalistiek tot de meest geciteerde passages. Maar hierbij wordt vaak vergeten dat het geen willekeurige woorden zijn die uiteenvallen, 'maar de abstracte woorden': '"geest", "ziel" of "lichaam"'. In een variatie op de 'rottende paddenstoelen' definieerde Walter Benjamin 'De opgave van de vertaler' in zijn gelijknamige essay uit 1923 als de poging om 'vermolmde versper-

den »morschen Brettern« befinden. Damit ist eine wesentliche poetische Stoßrichtung angezeigt: Es gilt, die modrige und morsche Anschauungslosigkeit der Abstraktion hinter sich zu lassen und sich auf die Sinnlichkeit der Wahrnehmung zurückzubesinnen.

2) Gottfried Benns verstörender, aus neun Gedichten bestehender »Morgue«-Zyklus (1912) ist bis heute ein paradigmatisches Beispiel für das »weniger Schöne« in der Lyrik. Der zum Zeitpunkt der Publikation 25 Jahre alte Arzt goss das eigene Anschauungsmaterial in Gedichte hinein und schockierte durch die Enttabuisierung von Krankheit und Sterblichkeit insbesondere das bürgerlich-konservative Lesepublikum.

Die »Widerstandslinie der Schönheit« in der Gegenwartslyrik

Zurück zu Krechel. Ihre poetische Neigung zum »weniger Schönen« zeigt sich in ihrem Schönheitsdiskurs. Dessen maßgeblicher Beitrag ist das Gedicht »Die Widerstandslinie der Schönheit«, das Schönheitsbilder als Euphemismen, also bereits idealisierte Entitäten entlarvt: »Was, wenn Schönheit das Geschönte wäre«, lautet eine typische Suggestivfrage. Die Wunde, in die Krechel den Finger legt, tritt offen zutage: Der Schönheitskanon ist ein »aufgesteiltes«, phallisches Machwerk, dem mit gnadenlosen »Bilderstürmerblicken« zu begegnen ist. Indem sie nun die Begriffe des vermeintlich Schönen dekonstruiert, verortet sie ihre Gedichte im Bereich des ›weniger Schönen‹ – in all seiner Ungeschminktheit:

> »Schönt Liebe nicht, mildert, dämpft, verunklart / bestürzt das weniger Schöne, das gleichgültig lässt? / Ist das Hohe, Aufgesteilte, sind segensreiche Kultbilder / eine Konstruktion, darin das verwerflich Traurige / pulvrig gemahlen, unauffällig auffällig sintert / dahinter Angst vor Zertrümmerung des Eigenen, klebt / wie Pech und Schwefel, wie erhitzter Knochenleim?«

Erst die Dekonstruktion des vermeintlich Schönen räumt den Weg frei für Zyklen wie »Krankblätter« oder »Fuga, Blätter«. Letzterer schlägt einen zwölf Gedichte langen Bogen über die globalen Kataklysmen unserer Zeit: Flüchtlingskrise, Umweltverschmutzung, Erschöpfung natürlicher Ressourcen, Covid-19-Pandemie.

Marcus Roloffs poetischer Zugriff auf das »weniger Schöne« ist radikal anders. Seine Vorliebe für

---

ringen in de eigen taal' te doorbreken. Waarom zou hij dat moeten doen? Chandos zou zeggen: omwille van de 'regenwormen voor het vissen', die zich onder de 'vermolmde planken' bevinden. Dat geeft duidelijk aan welke richting de poëzie moet inslaan: het gaat erom de rottende en vermolmde, van aanschouwing gespeende abstractie achter ons te laten en terug te keren naar de zintuiglijkheid van de waarneming.

2) Gottfried Benns verontrustende, uit negen gedichten bestaande 'Morgue'-cyclus (1912) is tot op heden een paradigmatisch voorbeeld van het 'minder schone' in de poëzie. De arts Benn, die op het moment van verschijnen 25 jaar oud was, goot deze gedichten uit materiaal van eigen aanschouwing en choqueerde met name het burgerlijk-conservatieve lezerspubliek door ziekte en sterfelijkheid van hun taboe te ontdoen.

De 'weerstandslijn van de schoonheid' in de hedendaagse poëzie

Terug naar Krechel. Haar poëtische voorkeur voor het 'minder schone' komt duidelijk naar voren in haar discours over schoonheid. Toonaangevend in dezen is het gedicht 'Die Widerstandslinie der Schönheit / De weerstandslijn van de schoonheid', waarin voorstellingen van schoonheid als eufemismen, dat wil zeggen als reeds geïdealiseerde entiteiten worden ontmaskerd: 'Wat als schoonheid het verfraaide was', luidt een van haar typische suggestieve vragen. Open en bloot is de wond waarop Krechel de vinger legt: de schoonheidscanon is 'opgstijld' fallisch maakwerk dat met genadeloze 'beeldenstormersblikken' moet worden beantwoord. Door noties van het vermeend schone te deconstrueren, wijst ze haar gedichten een plaats toe in het domein van het 'minder schone' – in al zijn onverbloemdheid:

> 'Verfraait liefde niet, tempert, smoort, verwart / ontstelt het minder schone, dat onverschillig laat? / Is het hoge, opgestijlde, zijn zegenrijke cultusbeelden / een constructie, waarin het verwerpelijk treurige / tot pulver vermalen, onopvallend opvallend sintert / waarachter angst voor vermorzeling van het eigene, kleeft / als pek en zwavel, als verhitte beenderlijm?'

Pas na een deconstructie van het vermeend schone is de weg gebaand voor cycli als 'Krankblätter / Ziekbladen' en 'Fuga, Blätter / Fuga, bladen'. De laatste spant een lange boog van twaalf gedichten over de wereldwijde rampen van onze tijd: de vluchtelingen-

Realien erfährt in seinem Gedichtband *gespräch mit dem horizont* (2021) eine drastische Zuspitzung. Denn er wagt sich an das oft skandalisierte Genre der dokumentarischen Literatur heran. Sein Zyklus »waldstücke« beleuchtet fast hundert Jahre deutscher Forensikgeschichte, wobei der älteste Fall von 1922 und der letzte von 2007 stammt. Dass die Mehrheit der Fälle bis heute ungeklärt ist, mag für Roloff der Anlass seines konzeptuellen Schreibens und seiner Erinnerung an die Opfer gewesen sein. Doch die Auswahl der Fälle geht auf die Beobachtung einer Häufung zurück: Beweismittel und Leichen(teile) werden oft im Wald gefunden, auch wenn »fundort […] nicht gleich / tatort« ist. Jedes »waldstück« beinhaltet Ortsangaben und weitere Informationen, etwa zu Tatwerkzeugen wie der »reuthaue«, die es Leser*innen ermöglichen, durch Recherche zum konkreten Fall zu gelangen. Was aber ist der ästhetische Ertrag dieser Lyrik aus all den spektakulären Fällen, deren Details in den Archiven der Zeitungen und der Kriminalpolizei recherchierbar sind? Durch die kunstvolle Komposition ausgewählter Fakten und von Teilen sonstigen authentischen Materials gelingt ihr eine Verschiebung der Perspektive auf die Verbrechen und den medialen Umgang mit ihnen. Ein Beispiel: Wenn »zwei weiße turnschuhe // marke adidas« unaufhörlich durch den deutschen Blätterwald herumgeistern, dann kommt das einer, sicher unbeabsichtigten, »werbung post mortem« gleich.

Eine lyrische Sprache, die um ihre Labilität weiß

Zwei neuere Gedichtbände, die das »weniger Schöne« gleich in ihren programmatischen Titeln tragen, stammen von Nora Gomringer und Paul-Henri Campbell: *Morbus* (2015) resp. *nach den narkosen* (2017). Beide beziehen sich auf Benn. Doch es ist Campbell, der mit der Arztperspektive auf das Anschauungsmaterial (die Kranken, die Leichen etc.) am entschiedensten bricht. Denn er, der möglicherweise Benns Anschauungsmaterial gewesen wäre, schreibt über sich selbst.

»Periodische Aufenthalte in Krankenhäusern gehören zu meinen frühesten Erinnerungen. Meine Krankheit ist *ab ovo*. Die Gesunden, die auch die Lehrbücher der Anatomie und der Pathologie schreiben, nennen meinen Zustand insuffizient, defekt,

crisis, milieuvervuiling, de uitputting van natuurlijke hulpbronnen en de Covid-19-pandemie.

Marcus Roloffs poëtische benadering van het 'minder schone' is radicaal anders. Zijn voorliefde voor realia krijgt in zijn dichtbundel *gespräch mit dem horizont / dialoog met de horizon* (2021) een drastische toespitsing. Hij waagt zich namelijk aan het dikwijls aanstootgevende genre van de documentaire literatuur. Zijn cyclus 'waldstücke' / 'bosstukken' bestrijkt bijna honderd jaar Duitse forensische geschiedenis, waarbij de oudste zaak uit 1922 en de meest recente uit 2007 komt. Dat het merendeel van die zaken tot op heden niet is opgelost, is voor Roloff misschien de aanleiding geweest om op deze conceptuele manier te schrijven en de slachtoffers in herinnering te roepen. De selectie van deze zaken gaat echter terug op de observatie van een openstapeling: bewijsmateriaal en (delen van) lijken worden vaak in het bos gevonden, zelfs als 'vindplaats […] niet gelijk / plaatsdelict' is. Elk 'waldstück' bevat locatiegegevens en nadere informatie, bijvoorbeeld over de moordwapens, zoals de 'pikhouweel', die de lezer in staat stellen de specifieke zaak op het spoor te komen. Maar wat is het esthetische resultaat van deze poëzie over al die spectaculaire zaken, waarvan de details in de archieven van kranten en de recherche nagespeurd kunnen worden? In zijn vernuftige compositie van geselecteerde feiten en ander (deels) authentiek materiaal slaagt Roloff erin het perspectief te verschuiven naar de misdaden en de manier waarop ze in de media worden behandeld. Een voorbeeld: als 'twee witte sportschoenen // merk adidas' eindeloos in de Duitse kranten rondspoken, dan komt dat, hoe onbedoeld ook, op 'reclame post mortem' neer.

Een poëtische taal die haar eigen labiliteit kent

Twee andere recente dichtbundels waarbij het 'minder schone' zich reeds op programmatische wijze in de titel aandient, zijn *Morbus* (2015) van Nora Gomringer en *nach den narkosen / na de narcosen* (2017) van Paul-Henri Campbell. Beide bundels referen aan Benn. Maar het is Campbell die het radicaalst breekt met het medische perspectief op het waargenomen materiaal (de zieken, de lijken enz.). Want hij, die tot dat materiaal van Benn had kunnen behoren, schrijft over zichzelf.

abnormal.« Das schreibt Campbell am Anfang der ersten biografischen Anmerkung zu seinem Gedichtband. Danach gibt er Leser*innen in Anlehnung an Judith Butlers Begriff der »Heteronormativität« einen Lektüreschlüssel an die Hand, nämlich den Begriff der »Salutonormativität«:

> »alles ist von und für gesunde Menschen gedacht, die Institutionen, die Metaphern, die Vorstellungen des gelingenden Lebens, unsere religiösen Kategorien. Kranke stehen naturgemäß quer zu diesen gesunden Paradigmen. Die gesunde Sprache, die wir verwenden, die wir erlernen, ist dominiert von einer unverschämten Vitalität, ungebrochen und höchstens hie und da von etwas Melancholie betrübt. Die Sprache, die ich meine, aber kommt aus der Insuffizienz. Sie weiß von vornherein, dass sie eine andere Welt bewohnt. Sie greift nicht auf kommunikable Erfahrungen zurück. Sie ist höchst labil.«

Eine lyrische Sprache, die um ihre grundsätzliche Insuffizienz und Labilität weiß und aus dem tranceartigen Dämmerzustand »nach den narkosen« schöpft (das ist eine medizinische Variation des Topos von der Poesie als Zwischenreich), aber »nicht auf kommunikable Erfahrungen zurück[greift]«, ist deshalb paradox, weil ihr die Vergleiche fehlen, mit denen sie die Inkommunikabilität des Erlebten in vertrauter Weise tradieren könnte. Es handelt sich um eine dysfunktionale Sprache, die »wielos« ist, wie es in einem Gedicht heißt.

Ob Nuklearkatastrophe, Verbrechen oder Krankheit (klinisch oder als Metapher) – das, was »weniger schön« ist, liefert immer Gründe für Schmerz, Leid, Kummer, Trauer. Dass nicht abzusehen ist, wann Lyriker*innen aufhören, in Elegien und verwandten Textgattungen über den Zustand der Welt zu klagen (s. auch Dagmara Kraus' *kummerang* (2012) und *wehbuch* (2016)), bedeutet nicht zuletzt, dass ihre Klagen entweder unerhört oder unbeantwortet bleiben.

'Periodieke verblijven in het ziekenhuis behoren tot mijn vroegste herinneringen. Mijn ziekte is *ab ovo*. De gezonde mensen, die ook de leerboeken over anatomie en pathologie schrijven, noemen mijn toestand insufficiënt, defect, abnormaal.' Dat schrijft Campbell aan het begin van zijn eerste biografische aantekening bij zijn dichtbundel. In aansluiting op Judith Butlers begrip 'heteronormativiteit' geeft hij de lezer vervolgens een leessleutel in handen met zijn begrip 'salutonormativiteit':

> 'alles is door en voor gezonde mensen bedacht, de instellingen, de metaforen, de ideeën over een geslaagd leven, onze religieuze categorieën. Zieken staan van nature op gespannen voet met deze gezonde paradigma's. De gezonde taal die we gebruiken, die we leren, wordt door een schaamteloze vitaliteit overheerst, ongebroken en hoogstens nu en dan door enige melancholie bedrukt. De taal die ik bedoel, komt echter voort uit insufficiëntie. Ze weet op voorhand dat ze in een andere wereld leeft. Ze grijpt niet terug op mededeelbare ervaringen. Ze is buitengewoon labiel.'

Een poëtische taal die haar eigen fundamentele ontoereikendheid en labiliteit kent en vanuit de tranceachtige schemertoestand van 'na de narcosen' schept (een medische variatie op de topos van de poëzie als tussenrijk), maar 'niet terug[grijpt] op mededeelbare ervaringen', is derhalve paradoxaal, omdat het haar aan de vergelijkingen ontbreekt waarmee ze de onmededeelbaarheid van het beleefde op bekende wijze zou kunnen overdragen. Het is een disfunctionele taal die 'alsloos' is, zoals het in een van de gedichten heet.

Of het nu een nucleaire ramp is, of misdaad of ziekte (klinisch dan wel metaforisch) – datgene wat 'minder schoon' is geeft altijd aanleiding tot pijn, lijden, verdriet en treurnis. Het valt niet te voorzien wanneer dichters zullen ophouden in elegieën en aanverwante genres hun beklag over de toestand van de wereld te doen (zie ook Dagmara Kraus' *kummerang / kommerang* (2012) en *wehbuch / weeboek* (2016)), en dat betekent eerst en vooral dat hun weeklachten ofwel ongehoord ofwel onbeantwoord blijven.

Geciteerde vertalingen:
— Walter Benjamin, 'De opgave van de vertaler', in: Naaijkens, T. et al. (red.), *Denken over vertalen*, Uitgeverij Vantilt (2010), pp. 65-73, hier: p. 72. Vertaling: Henri Bloemen
— Hugo von Hofmannsthal, 'Brief van Lord Chandos', in: *De Revisor*, jg. 17, nr. 6 (1990), pp. 29-34, hier: p. 31, 33. Vertaling: Paul Beers

ÖZLEM ÖZGÜL DÜNDAR EMPFIEHLT:
ÖZLEM ÖZGÜL DÜNDAR TIPT:

Sibylla Vričić Hausmann
3 Falter

poetenladen Verlag 2018

3 Falter ist der titel des lyrikdebüts von vričić hausmann, ebensogut könnte er »was ist lyrik?« heißen, denn genau dieser frage geht sie in diesem band auf den grund. Was geht ab, was kann abgehen im lyrischen feld? Und die antwort kommt prompt: in 14 kapiteln zu je drei gedichten lotet vričić hausmann aus, was die grenzen des lyrischen sind. Dazu exerziert sie durch, was gerade noch eine silbe sein kann und was der kleinste laut ist, mit dem noch eine bedeutung generiert werden kann. Hier finden sich von präzise durchdachten anagrammen à la unica zürn bis hin zu in feinsten poetischen versen geschriebene gedichte. In der logischen konsequenz des präsentierten experiments stellt sich natürlich die frage: wenn in der lyrik alles möglich ist, warum dann überhaupt nach irgendwelchen regeln spielen? Als eine antwortt Auf diesse frage leesn sich Tzum baispiil diesse ferse: »diess ist eine reife Ananas, wan ihre schaale zu dün wird geschält / bleiben scharfe häärchen daran sitzen, die beim essen sehr Schmertzhafft in die zunge eintringen« (aus dem zyklus: *Verwandelungen (diesses Werck)*). In diesem band werden worte gedreht und gewendet und bekanntes entfremdet, bis eine zauberhafte komposition entsteht.

3 vlinders is de titel van het poëziedebuut van Sibylla Vričić Hausmann dat evengoed 'Wat is poëzie?' had kunnen heten, aangezien ze in deze bundel precies die vraag grondig onderzoekt. Wat gebeurt er, wat kan er gebeuren in het poëtische veld? En prompt komt het antwoord: in 14 hoofdstukken van steeds drie gedichten peilt Vričić Hausmann de grenzen van het lyrische. Daartoe verkent ze wat nog net een lettergreep kan zijn en wat de kleinste klank is waarmee nog betekenis kan worden opgewekt. Van weldoordachte anagrammen à la Unica Zürn tot gedichten geschreven in de fijnste poëtische verzen passeren de revue. Natuurlijk rijst na zo'n experiment logischerwijs de vraag: als alles mogelijk is in de poëzie, waarom dan eigenlijk nog het spelletje volgens de regels spelen? andwoort Op deeze vraach geevn beivoorbilt d volchende verze: 'did is een reipe aanaanas, aws de sgil te dhun wort gesgild / bleiven r sgerpe haardjes zidten di zig bei t eeten peinluk in je thong boorn.' (uit de cyclus *Verwandlungen (diesses Werck) / Gedaanteverwisselingen (van did werck)*). In deze bundel worden woorden gewend en gekeerd en het bekende vervreemd tot er een betoverende compositie ontstaat.

Aus dem Zyklus *meer, feuchteres*
(2)
meer, feuchteres atmen am wasser
kiemen bilden, eine salzige packung, ueber
kurschatten springen und pirat sein, fesche
meuterer finden und der himmel ist erdbeer-
creme, frueheste farben probiert er und verwirft
sie wieder. wer wuerde jetzt meeresfruechte
pfluecken, beeren oder butten? du uebst
treiben lassen und ich steche meerufer
ab, rechne handtuch x meere x ferse

Uit de cyclus *zee, vochtigers*
(2)
zee, vochtigers ademen aan het water
kieuwen kweken, een zilte verpakking, over
kuurschaduwen springen en piraat zijn, puike
muiters zoeken en de hemel is aardbeien-
crème, vroegste kleuren proeft hij en keurt
ze weer af. wie zou nu zeevruchten
plukken, bessen of botten? jij leert
het laten drijven en ik steek zeeoever
af, reken handdoek x zeeen x hak

Vertaling: Elbert Besaris

STEFAN HERTMANS

Paul Celan: een eerbetoon

Giorgio Agamben heeft ooit over de poëzie van Paul Celan gezegd dat 'het een ervaring is waarin de mens zonder woorden voor de taal staat'.[1] Celan stond zonder woorden voor de taal, omdat de taal van de *Dichtung*, het Duits, ook de taal van de moordenaars van zijn ouders was en van de beulen. Wat ooit het verhevenste was, werd het meest verschrikkelijke.

'Niemand / getuigt voor de / getuigen,' schreef Paul Celan. De enige manier om met dit verloren-zijn in de taal om te gaan was voor hem om een nieuwe taal te maken, een taal die Jacques Derrida heeft aangeduid als een *sjibbolet*, een soort sleutelwoord, een soort codewoord waar wij zelf toegang toe moeten zien te vinden. De toegang is voor wie de code wil leren verstaan, de code heeft te maken met joodse rituelen, met Jiddisch, met grote Duitse poëzie, met Hölderlin, met een grote complexiteit aan betekenissen, maar dat alles in een taal die we Broken German zouden kunnen noemen.

Het is een gebroken taal, die zich uit in cesuren, enjambementen, elliptische taal, ongrammaticale afbrekingen, geheel eigenzinnige strofebouw, een soort hoger stotteren waarin hij zijn weg heeft gevonden tot een heel persoonlijke virtuositeit. De vraag blijft eigenlijk of Celan de grens heeft opgezocht van het Duits of dat hij eigenlijk vanuit de grens steeds weer naar het midden van de taal wou? Wou hij naar binnen in het Duits of wou hij naar buiten uit het Duits?

Zijn gedichten zijn niet hermetisch, maar een complex netwerk van structurele betekenissen die we zorgvuldig moeten ontcijferen. Ze stellen ons voor een gewetensvraag: hoe gaan we als dichter(s) zelf om met de spanning tussen de taal en de ervaring, want iedereen die hier iets langer over nadenkt weet dat hij zonder taal voor de ervaring staat.

De ervaring is in de eerste plaats voor Celan het proberen herinneren van de datum, de herinnering, het vasthouden aan de datum.

Op 25 juli 1967 bezoekt Paul Celan Heidegger. Heidegger had hem via zijn vriend Gerhart Baumann uitgenodigd. De dichter had de dag ervoor een lezing in Freiburg gehouden, hij had *Sein und Zeit* zeer nauwkeurig gelezen en hij wou waarschijnlijk nog een verklaring van de filosoof over zijn toenadering tot het nazisme in verband met zijn filosofie. We weten dat het antwoord er niet gekomen is en Paul Celan heeft een gedicht geschreven dat getuigt van zijn bezoek aan de hut van Heidegger:

TODTNAUBERG

Arnica, ogentroost, de
dronk uit de bron met de
sterrenblok erop,

in die
hut,

de in dat boek
– wier namen nam het op
voor die van mij? –,
de in dit boek
geschreven regel met
de hoop, heden,
in mijn hart
op een van een denker
afkomstig
woord,

bosweiden, onafgevlakt,
orchis en orchis, een voor een,

grofheden, later, onder het rijden,
duidelijk,

die ons rijdt, de man
die het mee aanhoort,

de half
beschreven knuppel-
paden in het hoogveen,

veel
drassigs.

Vertaling: Ton Naaijkens

---

[1] Giorgio Agamben: ‚Idee van het proza', vertaald door Ineke Van der Burg, uitgeverij Boom 2019, p. 36.

Paul Celan: een eerbetoon

Ik schreef als een soort echo aan die ervaring een gedicht met dezelfde titel: 'Todtnauberg'

Een tweede datum: 20 april 1970, de zelfmoord van Paul Celan: hij springt in de Seine in Parijs.

TODTNAUBERG

Plots ging hij spreken
in de kringen van de schijn;
o lampen die met tijd,
vergetelheid geladen zijn.

Hakken van hout,
breken van brood.
Maar in de diepte
straalt het spreken
in de nerven van de dood.

Betovering door denken –
of wat verloochend werd,
een oogopslag of handen
die een spiegel wenken.

Hij laat stilte zichzelf
tevoorschijn dwingen.

Maar anderen, die
aan de ramen luisterden,
moesten hun knokkels in hun
monden wringen

omdat talloze doden zonder graf
fluisterden
in het zwijgen van
de schemer in die hut:

Arnika, ogentroost, dronk uit
de woordenbron, een ster die
duizelt in een put.

KANEELVINGERS I

In Parijs, bij de bron,
waar ik tin in de vingers had
en niet durfde wat hij kon,

hing mij tegen de witte,
beademde muur zijn
jongensziel nog tegen,
angehaucht,

terwijl moeras en toren
in de moerbeiboom
te horen waren, in

bloedgeruis, van jouw
kant uit,
en ik die nooit
zijn

'een engel is een erts
uit omgestoten kandelaars'

kon zingen,
ver voorbij,
waar de kastanjes
hun generzijds begonnen –

ik was erbij
en ademde
zijn Seine, verdronken tekens,
eindrijm, daar lig je
niet eng.

NOOT VAN DE REDACTIE: Dit is een transcriptie van een korte video die Stefan Hertmans inlas als een onderdeel van het herdenkingsprogramma rond Paul Celan dat het Poëziecentrum van Gent organiseerde en die gepubliceerd werd op het platform *Paukeslag* (www.paukeslag.org) ter gelegenheid van de honderdste verjaardag van de dichter. De gedichten van Stefan Hertmans verschenen in de verzamelbundel *Muziek voor de overtocht. Gedichten 1975-2005* (Amsterdam 2006, De Bezige Bij). Stefan Hertmans schreef uitvoeriger over de poëzie van Paul Celan in een essay met als titel 'De glottis als afgrond. Over het hiaat in Paul Celans lyriek', verschenen in *Het zwijgen van de tragedie. Essays* (Amsterdam 2007, De Bezige Bij).

STEFAN HERTMANS

Paul Celan, eine Hommage

Giorgio Agamben sagte einmal anlässlich der Poesie Paul Celans, es gebe »eine Erfahrung der Sprache, in der der Mensch gänzlich ohne Worte vor der Sprache« stehe.[1] Celan stand ohne Worte vor der Sprache, weil die Sprache der Dichtung, das Deutsche, auch die Sprache der Mörder seiner Eltern war und die der Henker. Was einmal als das Erhabenste galt, war zum Furchtbarsten geworden.

»Niemand / zeugt für den / Zeugen«, schrieb Celan. Die einzige Möglichkeit, mit diesem Verlorensein in der Sprache umzugehen, bestand für den Dichter darin, eine neue Sprache zu schaffen, eine Sprache, die Jacques Derrida als Schibboleth bezeichnete, eine Art Schlüssel- oder Codewort, zu dem jeder selbst den Zugang finden muss. Zugang erlangt der, der lernen will, den Code zu begreifen, welcher eng verbunden ist mit jüdischen Ritualen, mit dem Jiddischen, mit der großen deutschen Poesie, mit Hölderlin, mit einer enormen Bedeutungskomplexität, und das alles in einer Sprache, die man »broken german« nennen könnte.

Diese gebrochene Sprache artikuliert sich in Zäsuren, Enjambements, Ellipsen, ungrammatischen Trennungen, einem völlig eigensinnigen Strophenbau, eine Art höheres Stottern, womit Celan seinen Weg zu einer ganz persönlichen Virtuosität fand. Die Frage stellt sich nun, ob Celan bewusst die Grenzen der deutschen Sprache aufsuchte oder ob es ihn von dieser Grenze aus stets wieder zur Mitte der Sprache zurückdrängte? Wollte er ins Deutsche hinein oder aus dem Deutschen heraus?

Celans Gedichte sind nicht hermetisch, sondern bilden ein verzweigtes Netzwerk aus strukturellen Bedeutungen, die es sorgfältig zu entziffern gilt. Seine Poesie stellt uns vor die Gewissensfrage: Was machen wir als Dichter mit der Spannung zwischen der Sprache und der Erfahrung, denn jeder, der länger über diese Frage nachdenkt, weiß, dass wir der Erfahrung ohne Sprache gegenüberstehen.

Für Celan besteht Erfahrung vor allem aus dem Versuch, sich zu erinnern – an ein Datum, an die Erinnerung, an die unaufhörliche Pflicht dem Datum gegenüber. Am 25. Juli 1967 stattete Paul Celan Heidegger einen Besuch ab, einen Tag nachdem der Dichter in Freiburg eine Lesung abgehalten hatte. Vermittelt von Freund Gerhart Baumann hatte Heidegger Celan zu sich auf die Hütte eingeladen. Aufgrund seiner genauen Lektüre von *Sein und Zeit* wollte Celan vom Philosophen vermutlich eine Erklärung dafür hören, wie er sich vor dem Hintergrund seiner Philosophie so sehr dem Nationalsozialismus annähern konnte. Wie wir wissen, bekam Celan keine Antwort auf diese Frage und schrieb anlässlich des Besuchs in Heideggers Hütte das Gedicht »Todtnauberg«.

TODTNAUBERG

Arnika, Augentrost, der
Trunk aus dem Brunnen mit dem
Sternwürfel drauf,

in der
Hütte,

die in das Buch
– wessen Namen nahms auf
vor dem meinen? –,
die in dies Buch
geschriebene Zeile von
einer Hoffnung, heute,
auf eines Denkenden
kommendes
Wort
im Herzen,

Waldwasen, uneingeebnet,
Orchis und Orchis, einzeln,

Krudes, später, im Fahren,
deutlich,

der uns fährt, der Mensch,
der's mit anhört,

die halb-
beschrittenen Knüppel-
pfade im Hochmoor,

Feuchtes,
viel.

---

[1] Giorgio Agamben: *Idee der Prosa*. Aus dem Italienischen von Dagmar Leupold und Clemens-Carl Härle. Suhrkamp 2003, S. 34.

Paul Celan, eine Hommage

Gewissermaßen als ein Echo dieser Erfahrung verfasste ich ein Gedicht mit gleichlautendem Titel:

Ein zweites Datum: 20. April 1970, Paul Celan begeht Selbstmord: er springt in Paris in die Seine.

TODTNAUBERG

Plötzlich hob er an zu sprechen
mitten in des Lichtes Kreis;
ach ihr Lampen, die mit Zeit ihr
und Vergessenheit geladen seid.

Hacken von Holz,
Brechen von Brot.
Doch in der Tiefe
erstrahlt das Sprechen
in den Adern des Tods.

Verführung durch Denken –
oder das, was geleugnet wird,
ein Blick oder Hände
die einen Spiegel schwenken.

Mit Zwang lässt er die Stille
selbst zum Vorschein sich bringen.

Doch andere, die
an den Fenstern lauschten
mussten die Fingerknöchel in
ihre Münder zwingen

weil zahl- und grablose Tote
Worte hauchten
im Schweigen des
Zwielichts der Stube:

Arnika, Augentrost, Trunk aus
dem Wörterbrunnen, ein Stern, der
hinabsackt in die Grube.

ZIMTFINGER I

In Paris, bei der Quelle,
wo Zinn in meinen Fingern war
und ich nicht wagte, was er konnte,

war vor der weißen,
beatmeten Wand seine
Jungenseele
mir noch *angehaucht,*

während Turm und Morast
zu hören waren
im Maulbeerast, im

Rauschen des Bluts, von deiner
Seite herzu
und ich, der ich nie
sein

»ein Engel ist ein Erz
aus umgestoßenen Leuchtern«

zu ersinnen vermochte,
viel weiter als
wo die Kastanien
ihr Jenseits begannen –

ich war dabei
und atmete
seine Seine, ertrunkene Zeichen,
Endreim, dort liegst du
nicht eng.

ANMERKUNG DER REDAKTION: Bei diesem Text handelt es sich um die Transkription eines auf der Plattform *Paukeslag* (www.paukeslag.org) veröffentlichten Videos mit einem kurzen Vortrag von Stefan Hertmans. Der Autor hielt diesen Vortrag im Rahmen einer Paul Celan-Veranstaltung zu dessen 100. Geburtstag und 50. Todestag 2020, die das Poesiecentrum Gent veranstaltete. Die hier abgedruckten Gedichte stammen aus dem Gedichtband *Muziek voor de overtocht / Musik für die Überfahrt. Gedichten 1975–2005* (De Bezige Bij 2006). Stefan Hertmans verfasste auch einen längeren Essay über Paul Celans Poesie mit dem Titel »De glottis als afgrond. Over het hiaat in Paul Celans lyriek« (»Die Glottis als Abgrund. Über den Hiatus in der Poesie Paul Celans«, erschienen in *Het zwijgen van de tragedie / Das Schweigen der Tragödie. Essays*, De Bezige Bij 2007).

Übersetzung: Ira Wilhelm

DEAN BOWEN TIPT:
DEAN BOWEN EMPFIEHLT:

Yentl van Stokkum
Ik zeg Emily

Hollands diep 2021

Maxime Garcia Diaz
Het is warm in de hivemind

De Bezige Bij 2021

De Nederlandstalige poëzie heeft ons in dit nieuwe millennium belangrijke stemmen voor een nieuwe literatuur doen ontdekken. Een literatuur die in het vervlechten van een veelvoud van discoursen leidt tot alternatieve geluiden die de taal doen zingen op manieren die we niet eerder kenden. En nergens in de literatuur gebeurt dat meer dan in de poëzie. Wat fascinerend is aan de huidige poëzie is dat je in tegenstelling tot bijvoorbeeld de voorgaande eeuw, niet echt kan spreken van een school of stroming. De stemmen die nu van zich laten horen lijken geenszins op elkaar en in die fragmentatie tonen ze de rijkheid van een contemporaine gevoeligheid die zich hardop afvraagt vanuit hoeveel kanten zij zichzelf kan beschouwen.

Er zijn dan ook te veel auteurs om slechts één bundel aan te raden: Ik zou graag willen pleiten voor twee bundels. De eerste is *Ik zeg Emily* van Yentl van Stokkum. Van Stokkums poëzie kent een unieke bezwerende poëtische tactiliteit. Een die ons eraan herinnert dat het gedicht fundamenteel een bezwering is, een manier om te bezinnen in de waanzinnigheid van een opdringerige moderniteit. De tweede is *Het is warm in de hivemind* van Maxime Garcia Diaz. De dichter is een oud nationaal kampioen Poetry Slam, en een lichtend voorbeeld van hoe een nieuw millennium en haar opdoemende alternatieve lexicon leidt tot een poëzie die tegelijkertijd in het lichaam, de ether en het internet genesteld is. De poëzie wordt daarmee een simulacrum van een tijd die zich dynamisch rond ons ontvouwt. Twee dichters die voor mij twee heel erg verschillende uithoeken van de poëzie vertegenwoordigen, maar daardoor tekenend zijn voor het speelveld van de hedendaagse poëzie.

Das neue Jahrtausend hat wichtige Stimmen einer neuen niederländischsprachigen Literatur hervorgebracht, einer Literatur, die viele unterschiedliche Diskurse zu alternativen Klängen verflicht. Die Sprache singt in ganz neuen Tönen. Am deutlichsten zeigt sich das in der Lyrik. Sie fasziniert durch das Fehlen einer bestimmten Schule oder Strömung, wie das beispielsweise noch im letzten Jahrhundert der Fall war. Die Stimmen, die sich jetzt zu Wort melden, haben nichts gemeinsam, und in dieser Zersplitterung offenbaren sie den Reichtum einer zeitgenössischen Sensibilität, die sich laut fragt, aus wie vielen Blickwinkeln sie sich selbst betrachten kann.

Dementsprechend gibt es auch zu viele Autor*innen, als dass man sich auf eine einzige Buchempfehlung beschränken könnte: Ich möchte hier auf zwei Gedichtbände aufmerksam machen. Der erste heißt *Ik zeg Emily / Ich sage Emily* von Yentl van Stokkum. Ihre Lyrik ist von einer unnachahmlichen Taktilität geprägt, eindringlich und poetisch. Sie erinnert uns daran, dass jedes Gedicht im Kern eine Beschwörung ist, eine Möglichkeit, über den Wahnsinn der aufdringlichen Modernität zu reflektieren. Der zweite Band heißt *Het is warm in de hivemind / Es ist warm im hivemind* von Maxime Garcia Diaz. Die Dichterin ist eine vielfach preisgekrönte Poetry-Slammerin und ein hervorragendes Beispiel dafür, wie der aufkeimende alternative Wortschatz des neuen Jahrtausends eine Lyrik entstehen lässt, die gleichzeitig im Körperlichen, im Äther und im Internet angesiedelt ist. So wird die Lyrik zum Simulacrum einer Zeit, die sich dynamisch um uns entfaltet. Zwei Dichterinnen, die für mich völlig entgegengesetzte Facetten der Lyrik beleuchten und damit für die Bandbreite moderner Poesie charakteristisch sind.

Yentl van Stokkum

WANNEER IK EERLIJK BEN WEET IK NIET OF
DIT IETS TE BETEKENEN HEEFT

moerassen humuslagen turf klei
rotsen varens veen en zand
de grond hier zou zuurstof moeten produceren
toch haal ik moeizaam adem

ik ben op jacht
beweeg me over de stenen de heuvels
ploeg door het stugge gras
de mist hangt hier als een geest

er zijn plekken waar het geweest moet zijn
en ik altijd maar denken dat ik een verzamelaar was

uiteindelijk moet er een windvlaag komen
iets dat tegen mijn borst kan slaan

Yentl van Stokkum

WENN ICH EHRLICH BIN, WEISS ICH NICHT,
OB DAS WAS ZU BEDEUTEN HAT

moore humusschichten torf lehm
felsen farn morast und sand
der boden hier müsste sauerstoff bilden
und trotzdem kann ich kaum atmen

ich bin auf der jagd
hetze über die steine die hügel
kämpfe mich durchs struppige gras
die nebelschwaden wie geister

hier irgendwo muss es gewesen sein
und ich dachte, ich wär eine sammlerin

letztendlich braucht es eine sturmböe
etwas, das mir vor die brust stößt

Übersetzung: Ruth Löbner

Maxime Garcia Diaz

MAD GIRL THEORY, OR: AUDREY WOLLEN NEVER ANSWERED MY EMAIL :(
AFTER ALLEN GINSBERG

<u>Audrey schrijft</u>
every time you slice into the canon
girls rush out like ghosts
to write about them is an experiment

in decentralized focus, fragmentation
spacious affection, floating hearsay

non-linear girl-history

•

ik zag de beste meisjes van mijn generatie
vernietigd door verdriet

ze spoken door mijn hoofd misschien is dit gotiek
een krakend landhuis belegerd door geesten
bloated with more bodies than a porn video warehouse
Sylvia schrijft *it was a queer, sultry summer*
the summer they electrocuted the Rosenbergs
in augustus 2017 steeg het zelfmoordcijfer onder Amerikaanse
tienermeisjes tot het hoogste in veertig jaar (it was a queer, sultry
summer) ongeveer vijftien Nederlandse vrouwen overlijden elk jaar
aan anorexia
ik zag de beste meisjes van mijn generatie
hongerend, hysterisch, naakt

ze zweven over steden in elektrische korsetten
met kapotte hersenkwabben
ze zwerven door de lange gangen van het internet
transformeren in hypersex zoeken veilige verbinding
via Frankrijk, soms Duitsland algoritme fluistert in haar oor
als ze haar eigen tepels aanraakt dit is kapitaal en het is een wapen
en het kan je steken en het kan alleen maar tegen je

the mermaid told me I was growing crooked
the mermaid told me the seaweed was crackling
and that my limbs should be shackled like a prisoner
or else drawn & quartered & scattered through the coral reef
to serve as warning for the next little girl
that sinks

•

[…]

Maxime Garcia Diaz

MAD GIRL THEORY, OR: AUDREY WOLLEN NEVER ANSWERED MY EMAIL :(
AFTER ALLEN GINSBERG

Audrey schreibt:
every time you slice into the canon
girls rush out like ghosts
to write about them is an experiment

in decentralized focus, fragmentation
spacious affection, floating hearsay

non-linear girl-history

•

ich sah die besten mädchen meiner generation
zerstört von trauer

sie spuken mir im kopf herum, vielleicht ist das gothic
ein knarrendes landhaus von geistern belagert
bloated with more bodies than a porn video warehouse
Sylvia schreibt *it was a queer, sultry summer*
the summer they electrocuted the Rosenbergs
im august 2017 erreichte die selbstmordrate amerikanischer
teenagerinnen den höchststand seit vierzig jahren (it was a queer, sultry
summer) jedes jahr sterben in den niederlanden ungefähr fünfzehn frauen
an magersucht
ich sah die besten mädchen meiner generation
hungernd hysterisch nackt

sie schweben über städten in elektrischen korsetts
mit defekten hirnlappen
sie schweben durch die langen gänge des internets
transformieren in hypersex suchen sichere verbindungen
via frankreich, manchmal deutschland, algorithmus flüstert ihr ins ohr
wenn sie sich an den nippeln berührt, das ist kapital und es ist eine waffe
und es kann dich verletzten und es kann nur gegen dich

the mermaid told me I was growing crooked
the mermaid told me the seaweed was crackling
and that my limbs should be shackled like a prisoner
or else drawn & quartered & scattered through the coral reef
to serve as warning for the next little girl
that sinks

•

[...]

Übersetzung: Ruth Löbner

POETISCHER GRENZVERKEHR / POËTISCH GRENSVERKEER

Sprachübergreifende Projekte / Meertalige samenwerkingsprojecten

dasKULTURforum Antwerpen:
Elk meer een zee / Jeder See ein Meer. Poëtisch grensverkeer tussen Vlaanderen en Duitsland / Ein poetischer Grenzverkehr zwischen Deutschland und Flandern.
Andy Fierens, Nora Gomringer, Adrian Kasnitz, Stan Lafleur, Ruth Lasters, Tristan Marquardt, Carmien Michels, Ulrike Almut Sandig, Max Temmerman, Charlotte Van den Broeck, Maud Vanhauwaert en / und Christoph Wenzel
Samengesteld door / Zusammengestellt von Ine Van linthout en / und Stefan Wieczorek. Vertaling / Übersetzung: Erik De Smedt en / und Stefan Wieczorek
Uitgeverij Vrijdag 2022.

Aus dem Niederländischen ins Deutsche übersetzt / Nederlandstalige poëzie in het Duits

Els Moors
Knalpatronen / Pyrotechnies / Knallkörper. Verzamelde Gedichten des Vaderlands
Übersetzungen: Christina Brunnenkamp, Brussels Vertalerscollectief / Brüsseler Übersetzerkollektiv, Isabel Hessel, Vertalerscollectief van Passa Porta / Übersetzerkollektiv von Passa Porta e.a.
maelstrÖm reEvoltion en PoëzieCentrum 2020.

Cees Nooteboom
Abschied. Gedicht aus der Zeit des Virus
Aus dem Niederländischen von Ard Posthuma
Suhrkamp 2021.

Ester Naomi Perquin
Mehrfach abwesend. Ausgewählte Gedichte
Zusammengestellt und aus dem Niederländischen übersetzt von Stefan Wieczorek
Elif Verlag 2021.

Charlotte Van den Broeck
Nachtdrift
Aus dem Niederländischen von Stefan Wieczorek
Leipziger Literaturverlag 2021.
(= Literatur aus Flandern; Bd. 2)

Duitstalige poëzie in het Nederlands / Aus dem Deutschen ins Niederländische übersetzt

Paul Celan
Verzameld werk
Vertaald en toegelicht door Ton Naaijkens
Athenaeum 2020.

Hans Magnus Enzensberger
**Zonder papieren. Honderd humane gedichten (1950-2020) &
Uitnodiging tot een poëzieautomaat**
Vertaling en samenstelling: René Smeets
Poëziecentrum 2020.

Cornelia Hülmbauer
Cyclus V
Vertaling: Erik de Smedt
Zegwerk 2020.

Barbara Köhler
42 vensters op Warten auf den Fluss
Vertaling: Ton Naaijkens en met nawoorden van Andre Dekker en Ton Naaijkens
Perdu / Poëziecentrum / Terras 2021.

Friederike Mayröcker
Sensorium etc.
Vertaling: Annelie David en Lucas Hüsgen
Uitgeverij Vleugels 2020.

Ulrike Almut Sandig
Wees niet gerust
Vertaald door Ton Naaijkens
Zegwerk 2021.

Sibylla Schwarz
Wie minnen wil, kan toch zo preuts niet zijn
Vertaling: Jacques Schmitz
mofkont & machzant / Blauwe Lucht 2021.

Anthologien / Themenschwerpunkte / Bloemlezingen / Dossiers

Fiston Mwanza Mujila (Hrsg.):
**Kontinentaldrift
Das Schwarze Europa**
Mit Gedichten von u.a. Simone Atangana Bekono, Gershwin Bonevacia, Dean Bowen, Radna Fabias, Babeth Fonchie Fotchind, Alfred Schaffer, Michael Tedja. Übersetzt von u.a. Anna Eble, Ard Posthuma, Stefan Wieczorek und Ira Wilhelm
Wunderhorn 2021.

Neue Texte aus Flandern und den Niederlanden
Mit Gedichten von Radna Fabias, Marjolijn van Heemstra, Ruth Lasters, Paul Snoek, Charlotte Van den Broeck und Maud Vanhauwaert. Zusammengestellt und aus dem Niederländischen übersetzt von Stefan Wieczorek. In: *Ostragehege. Zeitschrift für Literatur und Kunst* H. 101 (2021), S. 24–44.

DIE AUTOR*INNEN UND ÜBERSETZER*INNEN

Elbert Besaris (1993) studierte Sprachwissenschaft und Deutsch in Utrecht und Leipzig. 2018 schloss er den Masterstudiengang Literarisches Übersetzen ab. Er übersetzte die Känguru-Chroniken (De Harmonie) von Marc-Uwe Kling sowie dessen Roman *QualityLand* (De Harmonie). Außerdem übertrug er Poesie von Nora Gomringer und Maren Kames sowie Prosa von u. a. Clemens Meyer, Dorian Steinhoff, Wlada Kolosowa, Karosh Taha und Hengameh Yaghoobifarah.

Catharina Blaauwendraad (1965) studierte Übersetzungswissenschaft in Amsterdam. Sie war mehrmals Gastredakteurin der Literaturzeitschrift *De Tweede Ronde*. Sie übersetzte u. a. das Libretto *María de Buenos Aires* von Horacio Ferrer (1999) und *Honderd Liefdessonnetten/Hundert Liebessonette* von Pablo Neruda (2003). Im Jahr 2004 debütierte sie als Dichterin mit dem Gedichtband *Niet ik beheers de taal/Nicht ich beherrsche die Sprache* (Verlagsgesellschaft Holland), 2009 folgte *Beroepsgeheim/Berufsgeheimnis* (Nieuw Amsterdam). Seit 2009 lebt und arbeitet sie in Österreich.

Dean Bowen (1984) ist Lyriker, Performer und Psychonaut. Er beschäftigt sich mit der Dynamik der Patchwork-Identitäten und ihrer politischen und gesellschaftlichen Positionierung. Bowen gewann den ersten Van Dale SPOKEN Award in der Sparte Poesie und sein Debütband *Bokman/Bockmann* (Jurgen Maas 2018) wurde für den C.-Buddingh'-Preis nominiert und stand auf der Longlist des Großen Poesiepreises. 2020 erschien *Ik vond geen spoken in Achtmaal/Ich habe in Achtmaal keine Geister gefunden* (Jurgen Maas).

Alexandru Bulucz (1987) geboren in Alba Iulia, Rumänien, studierte Germanistik und Komparatistik in Frankfurt am Main. Er ist Lyriker, Übersetzer, Kritiker und Herausgeber. Sein Lyrikdebüt *Aus sein auf uns* (Lyrikedition 2000) erschien 2016. Für Gedichte aus *was Petersilie über die Seele weiß* (Schöffling & Co. 2020) erhielt er den Wolfgang-Weyrauch-Förderpreis und ein einjähriges Arbeitsstipendium des Berliner Senats. Er lebt in Berlin.

Annelie David (1959), geboren in Köln, studierte Tanz und Choreografie in Amsterdam und schloss das Studium mit einem Master of Theatre ab. Nach 2003 ist sie verstärkt aktiv als Dichterin und wird mit dem Dunya-Poesiepreis ausgezeichnet. Sie schreibt Essays und übersetzt deutschsprachige Poesie ins Niederländische. 2013 erscheint ihr Debütband *Machandel*. Die Kritik lobt die persönliche und emotionale Energie ihrer Texte. Ihr letzter Gedichtband *schokbos/Walderschütterung* wurde für den Großen Poesiepreis nominiert. Für *Trimaran* #1 übersetzten Annelie David und Esther Kinsky gegenseitig Gedichte.

Özlem Özgül Dündar (1983), geboren in Solingen, schreibt Lyrik, Prosa, szenische Texte, Essays, performt mit ihren Kollektiven *Kanak Attak Leipzig* sowie dem *Ministerium für Mitgefühl* und ist als Herausgeberin sowie als Übersetzerin

DE AUTEURS EN VERTAALSTERS EN VERTALERS

Elbert Besaris (1993) studeerde Taalwetenschap en Duitse Taal en Cultuur in Utrecht en Leipzig, en rondde in 2018 de Master Literair Vertalen af. Hij vertaalde de humoristische *Kangoeroekronieken* (De Harmonie) van de Duitse cabaretier Marc-Uwe Kling, evenals diens roman *QualityLand* (De Harmonie). Verder vertaalde hij poëzie van Nora Gomringer en Maren Kames, en proza van o.a. Clemens Meyer, Dorian Steinhoff, Wlada Kolosowa, Karosh Taha en Hengameh Yaghoobifarah.

Catharina Blaauwendraad (1965) studeerde Vertaalwetenschap in Amsterdam en was meermaals gastredactrice voor *De Tweede Ronde*. Ze vertaalde onder meer het libretto *María de Buenos Aires* van Horacio Ferrer (1999) en *Honderd Liefdessonnetten* van Pablo Neruda (2003). In 2004 debuteerde ze als dichteres met de bundel *Niet ik beheers de taal* (Uitgeversmaatschappij Holland), gevolgd door *Beroepsgeheim* (Nieuw Amsterdam) in 2009. Sinds 2009 woont en werkt zij in Oostenrijk.

Dean Bowen (1984) is dichter, performer en psychonaut. Hij houdt zich bezig met de dynamiek van de samengestelde identiteit en hoe deze zich verhoudt tot een politieke en maatschappelijke positionering. Bowen won de eerste Van Dale SPOKEN Award in de categorie poëzie en zijn debuutbundel *Bokman* (Jurgen Maas 2018) werd genomineerd voor de C. Buddingh'-Prijs en stond op de longlist van de Grote Poëzieprijs. In 2020 verscheen het boek *Ik vond geen spoken in Achtmaal* (Jurgen Maas).

Alexandru Bulucz (1987), geboren in Alba Iulia, Roemenië, studeerde germanistiek en vergelijkende literatuurwetenschap in Frankfurt am Main. Hij is dichter, vertaler, recensent en uitgever. In 2016 verscheen zijn poëziedebuut *Aus sein auf uns/Uit zijn op ons*. Voor een aantal gedichten uit zijn bundel *was Petersilie über die Seele weiß/wat peterselie over de ziel weet* (Schöffling & Co., 2020) ontving hij de Wolfgang Weyrauch Aanmoedigingsprijs en een eenjarige werkbeurs van de Berlijnse Senaat. Hij woont in Berlijn.

Annelie David (1959), geboren in Keulen, heeft dans gestudeerd en choreografie in Amsterdam en behaalt er haar Master of Theatre. Na 2003 ontwikkelt zij zich als dichter, wordt bekroond met de Dunya Poëzieprijs, schrijft essays en vertaalt Duitse poëzie naar het Nederlands. In 2013 debuteert ze met *Machandel* (Uitgeverij Marmer). De kritiek prijst de persoonlijke en emotionele kracht van haar teksten. Haar laatste bundel *schokbos* (Oevers 2020) was genomineerd voor de Grote Poëzieprijs 2021. Voor *Trimaran* #1 vertaalden Annelie David en Esther Kinsky wederzijds hun gedichten.

Özlem Özgül Dündar (1983), geboren in Solingen, schrijft poëzie, proza, toneelteksten en essays, treedt op met haar collectieven *Kanak Attak Leipzig* en *Ministerium für Mitgefühl* en werkt als uitgeefster en vertaalster. Haar toneelstuk

tätig. Für ihr Stück *Jardin d'Istanbul* wurde sie 2015 mit dem Retzhofer Dramapreis ausgezeichnet. Sie erhielt den Kelag-Preis in Klagenfurt und das Rolf-Dieter-Brinkmann-Stipendium 2018. Das Hörspiel *türken, feuer* wurde von der Deutschen Akademie der Darstellenden Künste zum Hörspiel des Jahres 2020 gewählt. Ihr Gedichtband *gedanken zerren* (2018) erschien im Elif Verlag.

Anna Eble (1994) ist Übersetzerin und Mitherausgeberin der niederländischen Zeitschrift für internationale Literatur *Terras*. Sie übersetzt u. a. Hans Faverey, Erik Lindner, Lex ter Braak und Paul van Ostaijen und organisiert Festivals, Lesungen und Workshops. Sie ist eine der Mitbegründerinnen des Vereins Europäisches Laboratorium in NRW, der gemeinsam mit Leser*innen und Schriftsteller*innen untersucht, wie Literatur grenzauflösend wirken kann.

Moya De Feyter (1993) schreibt Prosa, Poesie und Theatertexte. 2018 debütierte sie mit dem Gedichtband *Tot iemand eindelijk/Bis jemand endlich* (Vrijdag), der für den Poëziedebuutprijs aan Zee nominiert wurde. Mit ihrem zweiten Gedichtband *Massastrandingen/Massenstrandungen* (Vrijdag 2019) gewann sie den J.C.-Bloem-Poesiepreis. Mit den Klimadichtern rief sie eine flämisch-niederländische Dichtergruppe ins Leben, die für unseren bedrohten Planeten kämpft.

Stefan Hertmans (1951) veröffentlichte Romane, Erzählungen, Essays und Gedichtbände. 2013 erschien sein hochgelobter Roman *Oorlog en terpentijn/Krieg und Terpentin* (De Bezige Bij), der u. a. mit dem AKO Literaturpreis, dem Flämischen Kulturpreis für Literatur und dem Preis der Leserjury der Goldenen Bucheule ausgezeichnet wurde; außerdem wurde der Roman für den Man Booker International Prize nominiert. Sein aktueller Roman *Der opgang/Der Aufgang* (De Bezige Bij) erschien 2020.

Maarten Inghels (1988) debütierte 2008 mit dem Gedichtband *Tumult* (Van Gennep) in der Sandwich-Reihe unter der Redaktion von Gerrit Komrij. Seitdem hat er sich zu einem Künstler, Dichter und Prosaautor entwickelt, der sich nicht aufs Papier beschränkt. Er koordinierte *Das Einsame Begräbnis* in Antwerpen. In seinem Buch *Contact/Kontakt* (De Bezige Bij) verbindet Inghels Poesie, Bild und Aktion. Von 2016 bis 2018 war er offizieller Stadtdichter Antwerpens. 2021 erschien der Roman *Het mirakel van België/Das Wunder von Belgien* (Das Mag).

Andrea Kluitmann (1966) lebt in Amsterdam, wo sie Romane, Theaterstücke, Graphic Novels und Psychologietexte übersetzt und netten Menschen aus dem Literatur- und Kulturbetrieb Deutschunterricht und Interviewtraining gibt. Jüngste Übersetzungen etwa bei Luchterhand, Carlsen und Reprodukt.

Samuel J. Kramer (1996) ist Autor, Moderator und Aktivist. Seine Texte wurden weltweit performt und in Anthologien und Zeitschriften veröffentlicht. 2020 erschien die von ihm edierte Anthologie *Poetry for Future – 45 Texte für Übermorgen* (Satyr Verlag). 2021 wurde ihm der Lyrikpreis des Open Mike und der Wortmeldungen-Förderpreis verliehen.

Jardin d'Istanbul werd in 2015 bekroond met de Retzhofer Toneelprijs. Ook ontving ze de Kelag Prijs in Klagenfurt en de Rolf Dieter Brinkmann Beurs 2018. De Deutsche Akademie der Darstellenden Künste riep haar hoorspel *türken, feuer/turken, vuur* uit tot hoorspel van het jaar 2020. Haar dichtbundel *gedanken zerren/gedachten trekken* (2018) verscheen bij Uitgeverij Elif.

Anna Eble (1994) is tolk, vertaler en redacteur van *Terras*, tijdschrift voor internationale literatuur. Ze vertaalt o. a. Hans Faverey, Erik Lindner, Lex ter Braak en Paul van Ostaijen in het Duits en organiseert festivals, lezingen en workshops. Ze is een van de oprichters van het Europäisches Laboratorium, een literaire instelling in NRW die lezers en schrijvers samenbrengt om erover na te denken hoe via de literatuur grenzen opgeheven kunnen worden.

Moya De Feyter (1993) schrijft proza, poëzie en theaterteksten. Ze debuteerde in 2018 met *Tot iemand eindelijk* (Vrijdag), dat voor de Poëziedebuutprijs aan Zee genomineerd werd. Met haar tweede bundel, *Massastrandingen* (Vrijdag 2019), won ze in 2021 de J.C. Bloem-poëzieprijs. Daarnaast is ze de initiatiefnemer van de *klimaatdichters*, een Vlaams-Nederlands verbond van dichters dat strijdt voor onze bedreigde planeet.

Stefan Hertmans (1951) publiceerde romans, verhalen, essays en dichtbundels. 2013 verscheen zijn veelgeprezen roman *Oorlog en terpentijn* (De Bezige Bij). Voor deze roman werd hij o.m. bekroond met de AKO Literatuurprijs, de Vlaamse Cultuurprijs voor de Letteren, de Prijs Lezersjury Gouden Boekenuil, en genomineerd voor de Man Booker International Prize 2017. Zijn meest recente roman *De opgang* (De Bezige Bij) verscheen in 2020.

Maarten Inghels (1988) debuteerde in 2008 met *Tumult* (Van Gennep) in de Sandwich-reeks onder redactie van Gerrit Komrij en ontwikkelde zich sindsdien tot een kunstenaar, dichter en schrijver die zich niet tot papier beperkt. Hij was coördinator van *De eenzame uitvaart* in Antwerpen. Met zijn boek *Contact* (De Bezige Bij) verbindt Inghels poëzie, beeld en acties. Van 2016 tot 2018 was hij de officiële Stadsdichter van Antwerpen. In 2021 verscheen de roman *Het mirakel van België* (Das Mag).

Andrea Kluitmann (1966) woont in Amsterdam, waar ze romans, toneelstukken, graphic novels en psychologieteksten vertaalt en aardige mensen uit de literaire en culturele scene Duitse les en interviewtraining geeft. Recente vertalingen zijn gepubliceerd door onder meer de uitgevers Luchterhand, Carlsen en Reprodukt.

Samuel J. Kramer (1996) is auteur, moderator en activist. Zijn teksten worden overal ter wereld uitgevoerd en in anthologieën en tijdschriften gepubliceerd. In 2020 verscheen onder zijn redactie de anthologie *Poetry for Future – 45 Texte für Übermorgen/Poetry for Future – 45 teksten voor overmorgen* (Satyr Verlag). In 2021 won hij de poëzieprijs

Er arbeitet häufig interdisziplinär und studiert Philosophie in Frankfurt am Main.

Ruth Löbner (1976) ist Autorin und Literaturübersetzerin für Prosa und Lyrik aus dem Niederländischen. Nachdem sie bereits *Pristina* (Edition Amikejo 2021) von Toine Heijmans übersetzt hat, arbeitet sie momentan an einem weiteren Roman des Autors, *Sauerstoffschuld*. Für den Suhrkamp Verlag überträgt sie außerdem die Gedichte von Marieke Lucas Rijneveld ins Deutsche.

Ton Naaijkens (1953) ist Essayist und Übersetzer (hauptsächlich) deutscher Gegenwartslyrik. 2020 erschien die aktualisierte Übersetzung der *Gesammelten Gedichte* von Paul Celan (Athenaeum) und zuletzt *42 vensters op Warten auf den Fluss* von Barbara Köhler (Perdu/Poëziecentrum/Terras 2021).

José F.A. Oliver (1961), andalusischer Herkunft, wurde in Hausach im Schwarzwald geboren, wo der Lyriker, Essayist und Übersetzer lebt. Er hatte bislang mehrere Poetik-Dozenturen inne und sein Werk wurde mit zahlreichen Preisen ausgezeichnet, zuletzt mit dem Heinrich-Böll-Preis der Stadt Köln 2021. Er übersetzt aus dem Spanischen ins Deutsche, aus dem Deutschen ins Spanische und aus dem Englischen: unter anderem Federico García Lorca, Vicente Alexeindre, Juan Ramón Jiménez, Joachim Sartorius, Raphael Urweider, Anja Utler, Albert Ostermeier und Ilija Trojanow. 2018 erschien der Gedichtband *wundgewähr* (Matthes & Seitz) und 2020 gemeinsam mit Mikael Vogel *Zum Bleiben, wie zum Wandern – Hölderlin, theurer Freund. 20 Gedichte und ein verzweifeltes Lied* (Schiler & Mücke).

Ard Posthuma (1942) lebt in Groningen. Er arbeitete als Lektor Niederländisch an der Universität Basel, als Dozent Deutsch an der Noordelijke Hogeschool in Groningen/Leeuwarden und am Haus der Niederlande in Münster. Er lebte ein Jahr in Berlin als Gast des Kulturprogramms des DAAD. Für seine Lyrikübersetzungen wurde er 2015 mit dem Brockway-Preis ausgezeichnet.

Marianne van Reenen (1970) arbeitet als Übersetzerin aus dem Deutschen, Französischen und Englischen, mit einer Vorliebe für deutschsprachige Literatur. Sie übertrug Romane von Maja Haderlap (Cossee), Michael Köhlmeier (Aldo) und Eginald Schlattner (Aldo) sowie Erzählungen von Arthur Schnitzler, Franz Kafka und Marlen Haushofer (Zeitschrift *Liter*). Zuletzt erschien im Verlag Cossee *Lente met witte vlaggen – April 1945/Der Luftangriff auf Halberstadt am 8. April 1945 und andere Erzählungen* von Alexander Kluge, gemeinsam übersetzt mit Anne Folkertsma.

Gregor Seferens (1964) im Selfkant geboren, arbeitet seit 1994 als literarischer Übersetzer in Bonn. Er übersetzte zahlreiche Werke von Harry Mulisch, Maarten 't Hart und Geert Mak. Zuletzt erschienen u.a. *Eine verspätete Reise* von Daan Heerma van Voss (Büchergilde Gutenberg) und *Otmars Söhne* von Peter Buwalda (Rowohlt). Seine Arbeit wurde wiederholt mit Preisen ausgezeichnet.

van de Open Mike en de Wortmeldungen Aanmoedigingsprijs. Hij werkt vaak interdisciplinair en studeert filosofie in Frankfurt am Main.

Ruth Löbner (1976) is schrijver en literair vertaler van Nederlandse fictie en poëzie. Tegenwoordig is ze bezig met de nieuwe roman van Toine Heijmans, *Zuurstofschuld*. Eerder vertaalde ze al *Pristina* (Edition Amikejo 2021) van dezelfde auteur. Daarnaast brengt ze de gedichten van Marieke Lucas Rijneveld over in het Duits (Suhrkamp).

Ton Naaijkens (1953) is essayist en vertaler van (voornamelijk) hedendaagse Duitstalige poëzie. 2020 verscheen zijn aangescherpte vertaling van de *Verzamelde gedichten* van Paul Celan (Athenaeum) en recent *42 vensters op Warten auf den Fluss* van Barbara Köhler (Perdu/Poëziecentrum/Terras 2021).

José F.A. Oliver (1961) is dichter, essayist en vertaler. Hij is van Andalusische herkomst, maar werd in Hausach in het Zwarte Woud geboren, waar hij nog altijd woont. Hij doceerde poëtica en won tal van prijzen voor zijn werk, waaronder in 2021 de Heinrich Böll Prijs van de stad Keulen. Hij vertaalt uit het Spaans in het Duits, uit het Duits in het Spaans en uit het Engels, o.a. werk van Federico García Lorca, Vicente Alexeindre, Juan Ramón Jiménez, Joachim Sartorius, Raphael Urweider, Anja Utler, Albert Ostermeier en Ilija Trojanow. In 2018 publiceerde hij de dichtbundel *wundgewähr/wondgarantie* (Matthes & Seitz) en in 2020 samen met Mikael Vogel *Zum Bleiben, wie zum Wandern – Hölderlin, theurer Freund. 20 Gedichte und ein verzweifeltes Lied/Om te blijven en om te dwalen – Hölderlin, dierbare vriend. 20 gedichten en een vertwijfeld lied* (Schiler & Mücke).

Ard Posthuma (1942) woont tegenwoordig in Groningen. Hij was lector Nederlands aan de universiteit van Bazel en docent Duits aan de Noordelijke Hogeschool in Groningen/Leeuwarden. Sinds 1989 literair vertaler in twee richtingen. Hij woonde een jaar in Berlijn op uitnodiging van de DAAD (Kulturprogramm) en won in 2015 de Brockway oeuvreprijs voor poëzievertalingen.

Marianne van Reenen (1970) is werkzaam als vertaler Duits, Frans en Engels met een voorliefde voor Duitstalige literatuur. Ze vertaalde romans van Maja Haderlap (Cossee), Michael Köhlmeier (Aldo) en Eginald Schlattner (Aldo) en verhalen van Arthur Schnitzler, Franz Kafka en Marlen Haushofer (tijdschrift *Liter*). Recent verscheen bij Cossee *Lente met witte vlaggen – April 1945* van Alexander Kluge, dat ze samen met Anne Folkertsma vertaalde.

Gregor Seferens (1964) is geboren in de regio Selfkant en werkt sinds 1994 in Bonn als literair vertaler. Hij vertaalde talloze werken van Harry Mulisch, Maarten 't Hart en Geert Mak. Recent verschenen onder meer *Eine verspätete Reise* van Daan Heerma van Voss (Büchergilde Gutenberg) en *Otmars Söhne* van Peter Buwalda (Rowohlt). Zijn werk is herhaaldelijk met prijzen onderscheiden.

Jan Sietsma (1981) ist freiberuflicher Übersetzer aus dem Englischen und Deutschen und unterrichtet an der Fachhochschule für Übersetzung in Amsterdam. 2016 wurde er für seine Übersetzung von Friedrich Schlegels *Athenaeum: fragmenten, essays, kritieken* (Octavo Publicaties 2014) mit dem Charlotte-Köhler-Stipendium für Nachwuchs-Literaturübersetzer ausgezeichnet. Er übersetzte unter anderem Werke von Walter Benjamin, Heinrich Heine und Heinrich von Kleist.

Erik Spinoy (1960) ist Dichter, Essayist und Professor für niederländische Literatur und Kulturtheorie an der Universität von Lüttich. Seit seinem Debüt *De jagers in de sneeuw/Die Jäger im Schnee* (Manteau 1986) publizierte er acht Gedichtbände. Die letzten sind *Dode kamer/Toter Raum* (De Bezige Bij Antwerpen 2011, Jan-Campert-Preis) und *Nu is al te laat/Jetzt ist es schon zu spät* (De Bezige Bij 2015). 2017 erschien die Poetikvorlesung *Geen delicatessen. De waarheid van de poëzie/Keine Delikatessen. Die Wahrheit der Poesie* (Poëziecentrum). Als Literaturwissenschaftler publizierte er vor allem über niederländischsprachige Dichter wie Paul van Ostaijen, Hugo Claus und Hans Faverey. Für *Trimaran* #1 übersetzten Erik Spinoy und Ulrich Koch wechselseitig Gedichte.

Kila van der Starre (1988) ist Literaturwissenschaftlerin, Niederlandistin und Lyrikkritikerin. Anfang 2021 verteidigte sie an der Universität Utrecht ihre Doktorarbeit *Poëzie buiten het boek. De circulatie en het gebruik van poëzie/Poesie jenseits des Buches. Die Verbreitung und Verwendung von Poesie*. Die Arbeit erschien als kostenloses E-Book. 2017 rief sie die Website straatpoezie.nl ins Leben und 2018 veröffentlichte sie gemeinsam mit Babette Zijlstra das erste Poesieaktionsbuch in der Reihe *woorden temmen/Wörter zähmen* (grange fontaine).

Julia Trompeter (1980), geboren in Siegburg, lebt als Schriftstellerin und Journalistin in Berlin. Sie schreibt Lyrik und Prosa, zuletzt erschienen ihr Gedichtband *Zum Begreifen nah* (2016) sowie die Romane *Die Mittlerin* (2014) und *Frühling in Utrecht* (2019) bei Schöffling & Co. Für ihr Schaffen erhielt sie unter anderem das Rolf-Dieter-Brinkmann-Stipendium der Stadt Köln sowie den Düsseldorfer Poesie-Debüt-Preis.

Maud Vanhauwaert (1984) wurde in Veurne geboren und lebt als Lyrikerin und Performerin in Antwerpen. Für ihr Lyrikdebüt *Ik ben mogelijk/Ich bin möglich* (Querido 2011) wurde sie mit dem Vrouw-Debütpreis ausgezeichnet, für ihren Gedichtband *Wij zijn evenwijdig/Wir sind Parallelen* (Querido 2014) erhielt sie den Hugues-C.-Pernath-Preis sowie den Publikumspreis des Herman-De-Coninck-Wettbewerbs. In ihrem Werk sucht sie nach spielerischen theatralen Formen, um Poesie einem breiten Publikum zugänglich zu machen. Sie trat im In- und Ausland auf, im Radio sowie im Fernsehen, in Opernhäusern und in Schafställen. Sie wurde zur Ehrenbürgerin der Stadt Veurne ernannt. 2018–2019 war sie Stadtdichterin von Antwerpen. Im Mai 2020 erschien beim Verlag Das Mag das Buch *Het stad in mij/Die Stadt in mir*, in dem sie ihre Versuche dokumentiert, Lyrik vom Papier loszulösen.

Jan Sietsma (1981) is zelfstandig vertaler uit het Engels en het Duits en doceert aan de Vertalersvakschool te Amsterdam. Hij werd in 2016 onderscheiden met het Charlotte Köhler Stipendium voor beginnend literair vertaaltalent voor zijn vertaling van Friedrich Schlegels *Athenaeum: fragmenten, essays, kritieken* (Octavo Publicaties 2014) en vertaalde sindsdien onder meer werk van Heinrich Heine, Walter Benjamin en Heinrich von Kleist.

Erik Spinoy (1960) is dichter, essayist en hoogleraar Nederlandse letterkunde en culturele theorie aan de Universiteit van Luik. Sinds zijn debuut *De jagers in de sneeuw* (Manteau 1986) publiceerde hij acht gedichtenbundels. De meest recente daarvan zijn *Dode kamer* (De Bezige Bij Antwerpen 2011, Jan Campertprijs) en *Nu is al te laat* (De Bezige Bij 2015). In 2017 verscheen de poëticale lezing *Geen delicatessen. De waarheid van de poëzie* (Poëziecentrum). Als literatuuronderzoeker publiceerde hij vooral over zijn favoriete Nederlandstalige dichters, zoals Paul van Ostaijen, Hugo Claus en Hans Faverey. Voor *Trimaran* #1 vertaalden Erik Spinoy en Ulrich Koch wederzijds hun gedichten.

Kila van der Starre (1988) is literatuurwetenschapper, neerlandicus en poëziecriticus. Begin 2021 verdedigde ze aan de Universiteit Utrecht haar proefschrift *Poëzie buiten het boek. De circulatie en het gebruik van poëzie*, dat als gratis e-boek verscheen. In 2017 richtte ze de website Straatpoezie.nl op en in 2018 publiceerde ze samen met Babette Zijlstra het eerste poëzie-doe-boek in de reeks *woorden temmen* (grange fontaine).

Julia Trompeter (1980) werd geboren in Siegburg en woont in Berlijn, waar ze werkzaam is als auteur en journaliste. Ze schrijft gedichten en proza. Meest recentelijk verschenen haar dichtbundel *Zum Begreifen nah/Dicht bij het begrijpen* (2016) en de romans *Die Mittlerin/De bemiddelaarster* (2014) en *Frühling in Utrecht/Lente in Utrecht* (2019) bij Schöffling & Co. Haar werk werd bekroond met onder andere de Rolf Dieter Brinkmann Beurs van de stad Keulen en de Düsseldorfse Poëziedebuutprijs.

Maud Vanhauwaert (1984) is geboren in Veurne, maar woont en werkt in Antwerpen. Ze is dichter en performer. Voor haar poëziedebuut *Ik ben mogelijk* (Querido 2011) kreeg ze de Vrouw Debuut Prijs, voor haar bundel *Wij zijn evenwijdig* (Querido 2014) de Hugues C. Pernathprijs en de Publieksprijs van de Herman De Coninck-wedstrijd. In haar werk zoekt ze naar speelse theatrale vormen om poëzie publiekelijk te maken. Met haar performances trad ze op, op radio en tv, in binnen- en buitenland, van opera tot schapenstal. Ze werd aangesteld tot ereburger van de stad Veurne en in 2018–2019 was ze stadsdichter van Antwerpen. In mei 2020 verscheen bij Das Mag *Het stad in mij*, waarin ze haar pogingen om poëzie los te weken van het papier in kaart brengt.

Ira Wilhelm (1962) studierte Allgemeine und Vergleichende Literaturwissenschaft an der LMU München und übersetzt seit 1994 hauptberuflich Literatur aller Art aus dem Niederländischen. Sie lebt in Berlin und übersetzte u.a. Ilja Leonard Pfeijffer, Stefan Hertmans, Anneke Brassinga, Wessel te Gussinklo, Eric de Vroedt, Peter Holvoet-Hanssen, Hafid Bouazza, Chika Unigwe und Erwin Mortier.

DIE REDAKTION

Patrick Peeters (1967) lebt in Löwen und arbeitet bei Flanders Literature und ist dort zuständig für das Management der Fördermittel für Lyrik und Sachbuch. Er ist zudem Redakteur der *Poëziekrant* und schreibt über niederländischsprachige Gegenwartslyrik.

Victor Schiferli (1967) ist bei der Niederländischen Stiftung für Literatur verantwortlich für die Verbreitung von niederländischer Belletristik und für die Verbreitung niederländischer und friesischer Lyrik weltweit. Er studierte niederländische Sprach- und Literaturwissenschaft in Amsterdam und war Lektor bei De Bezige Bij (2001–2007). Er gab Anthologien heraus und war Redakteur der Literaturzeitschrift *Bunker Hill*. Als Dichter debütierte er mit dem Band *Aan een open raam/Am offenen Fenster* (Arbeiderspers 2000), danach erschien *Verdwenen obers/Verschwundene Kellner* (Arbeiderspers 2005), *Toespraak in een struik/Rede in einem Busch* (Arbeiderspers 2008) und *De man van vroeger/Der Mann von gestern* (Arbeiderspers 2015). 2012 erschien sein Debütroman *Dromen van Schalkwijk/Träumen von Schalkwijk* (Arbeiderspers).

Christoph Wenzel (1979), literaturwiss. Studium und Promotion in Aachen, schreibt Lyrik und Essays. Bisher liegen vier Einzeltitel mit Gedichten vor, zuletzt *lidschluss* (Edition Korrespondenzen 2015). Er erhielt u.a. den Alfred-Gruber-Preis beim Lyrikpreis Meran, das Rolf-Dieter-Brinkmann-Stipendium sowie den Dresdner Lyrikpreis. Gemeinsam mit Stefan Wieczorek besorgte er die Anthologie *Polderpoesie. Junge Lyrik aus Flandern und den Niederlanden* ([SIC]–Literaturverlag 2016). 2020 erschien der Sammelband *Brotjobs & Literatur* (Verbrecher Verlag), den er als Mitherausgeber verantwortete. Für das Literaturbüro NRW kuratiert er die Online-Lyrikanthologie *Flusslaut* bei Instagram.

Stefan Wieczorek (1971) ist promovierter Literaturwissenschaftler, Übersetzer und Moderator. Er lebt in Aachen. In den letzten Jahren übersetzte er u.a. Gedichtbände von C. Van den Broeck, E.N. Perquin, R. Al Galidi, M. Barnas, F. Budé, A. Fierens, M. Inghels/F. Starik, E. Kuiper, R. Lasters, K. Wuck und M. Temmerman. Gemeinsam mit Christoph Wenzel gab er 2016 die Anthologie *Polderpoesie* ([SIC]–Literaturverlag) heraus. Für die *Horen* stellte er das Themenheft *Bojen & Leuchtfeuer. Neue Texte aus Flandern und den Niederlanden* zusammen.

Ira Wilhelm (1962) studeerde algemene en vergelijkende literatuurwetenschap aan de LMU München en vertaalt sinds 1994 voltijds velerlei literatuur uit het Nederlands. Zij woont in Berlijn en vertaalde onder meer Ilja Leonard Pfeijffer, Stefan Hertmans, Anneke Brassinga, Wessel te Gussinklo, Eric de Vroedt, Peter Holvoet-Hanssen, Hafid Bouazza, Chika Unigwe en Erwin Mortier.

DE REDACTIE

Patrick Peeters (1967) woont in Leuven en werkt als Grants manager poëzie en non-fictie voor Flanders Literature. Hij is eveneens redacteur van *Poëziekrant* en schrijft over hedendaagse Nederlandstalige poëzie.

Victor Schiferli (1967) is bij het Nederlands Letterenfonds verantwoordelijk voor de promotie van Nederlandse literaire fictie en voor de promotie van Nederlandse en Friese poëzie wereldwijd. Schiferli studeerde Nederlandse Taal- en Letterkunde in Amsterdam en was redacteur bij De Bezige Bij (2001–2007). Ook stelde hij bloemlezingen samen en was redacteur van het literaire tijdschrift *Bunker Hill*. Hij maakte zijn debuut als dichter met de bundel *Aan een open raam* (Arbeiderspers 2000), gevolgd door *Verdwenen obers* (Arbeiderspers 2005), *Toespraak in een struik* (Arbeiderspers 2008) en *De man van vroeger* (Arbeiderspers 2015). In 2012 verscheen zijn debuutroman *Dromen van Schalkwijk* (Arbeiderspers).

Christoph Wenzel (1979), afgestudeerd en gepromoveerd in de literatuurwetenschap in Aken, schrijft poëzie en essays. Tot dusver heeft hij vier poëziebundels gepubliceerd, met als recentste *lidschluss/ooglidslot* (Edition Korrespondenzen 2015). Hij ontving onder meer de Alfred Gruberpijs in het kader van de Poëzieprijs Meran, de Rolf Dieter Brinkmann Beurs en de Poëzieprijs van de stad Dresden. Met Stefan Wieczorek verzorgde hij de bloemlezing *Polderpoesie. Junge Lyrik aus Flandern und den Niederlanden/Polderpoëzie. Jonge lyriek uit Vlaanderen en Nederland* ([SIC]–Literaturverlag 2016). In 2020 verscheen de bloemlezing *Brotjobs & Literatur* (Verbrecher Verlag), waarvoor hij als mederedacteur verantwoordelijk was. Op Instagram cureert hij voor het Literatuurbureau NRW de online poëziebloemlezing *Flusslaut*.

Stefan Wieczorek (1971) is gepromoveerd in de literatuurwetenschap. Hij is vertaler en moderator en woont in Aken. De afgelopen jaren vertaalde hij o.a. dichtbundels van C. Van den Broeck, E.N. Perquin, R. Al Galidi, M. Barnas, F. Budé, A. Fierens, M. Inghels/F. Starik, E. Kuiper, R. Lasters, K. Wuck en M. Temmerman. Samen met Christoph Wenzel gaf hij in 2016 de bloemlezing *Polderpoesie/Polderpoëzie* ([SIC]–Literaturverlag) uit. Voor die Horen stelde hij het themanummer *Bojen & Leuchtfeuer. Neue Texte aus Flandern und den Niederlanden/Boeien & vuurbakens. Nieuwe teksten uit Vlaanderen en Nederland* samen.

DIE STIFTUNGEN

Die Kunststiftung Nordrhein-Westfalen
Die Kunststiftung NRW fördert herausragende Qualität von Kunst und Kultur aller künstlerischer Sparten mit einem engen Bezug zu Nordrhein-Westfalen. Vor 30 Jahren von der Landesregierung NRW als Stiftung bürgerlichen Rechts gegründet, gehören die Unterstützung innovativer Konzepte und impulsgebender Ansätze, die Förderung besonders begabter Künstlerinnen und Künstler sowie Autorinnen und Autoren, der Erwerb und die Sicherung von Kunstwerken mit hoher Bedeutung sowie der bundesweite und internationale Kulturaustausch zu den zentralen Aufgaben der Stiftung. Der Kunst des Übersetzens widmet die Kunststiftung NRW seit Jahren besondere Aufmerksamkeit.
Damit ermutigt die Kunststiftung NRW Kulturschaffende, Neues und Unerwartetes zu wagen, und ermöglicht Projekte aus der Visuellen Kunst, den Performing Arts, der Musik und der Literatur von herausragender Qualität. Im Bereich der Literaturförderung bietet die Kunststiftung NRW darüber hinaus in ihrer *Schriftenreihe Literatur* stilistisch, formal und ästhetisch anspruchsvollen und von ihr selbst initiierten Projekten eine editorische Plattform.
www.kunststiftung-nrw.de

Niederländische Stiftung für Literatur
Die Niederländische Stiftung für Literatur stimuliert die Qualität und Diversität von Literatur, indem sie mittels Stipendien und Förderungen Autor*innen, Übersetzer*innen, Verlage und Festivals unterstützt; sie trägt mit ihrer Arbeit zur Verbreitung und Absatzförderung der niederländischen und friesischen Literatur im In- und Ausland bei. Die Stiftung möchte ein möglichst reiches und vielfältiges literarisches Klima schaffen, unter Berücksichtigung sowohl des literarischen Erbes als auch von neuen Entwicklungen in der Literatur und im Buchsektor. Darüber hinaus pflegt die Stiftung eine Datenbank mit Übersetzungen niederländischer Literatur: https://letterenfonds.secure.force.com/vertalingendatabase.
www.letterenfonds.nl

Flanders Literature
Literatuur Vlaanderen möchte flämische Literatur in die Welt bringen. Unter dem Namen Flanders Literature versuchen wir, ausländische Verlage und Festivalveranstalter*innen für Literatur aus Flandern zu begeistern. Außerdem ermutigen wir auch niederländischsprachige Autor*innen und Verlage, einen Blick über die Grenzen zu werfen.
Literatur Vlaanderen fördert mit Zuschüssen Übersetzungen flämischer Bücher. Internationale Buchmessen sind Gelegenheiten, mit Verlagen ins Gespräch zu kommen. Mehrmals im Jahr werden zudem Verleger aus der ganzen Welt nach Flandern eingeladen, damit sie unsere Literatur und Kultur hautnah erleben können.
www.flandersliterature.be

STICHTINGEN EN FONDSEN

De Kunststiftung Nordrhein-Westfalen
De Kunststiftung NRW stimuleert bijzondere kwaliteit van kunst en cultuur op alle artistieke gebieden met een hechte relatie tot Noordrijn-Westfalen. Zij werd dertig jaar geleden opgericht door de deelstaatregering NRW als een privaatrechtelijke stichting. Tot de belangrijkste taken van de stichting behoren het ondersteunen van innovatieve concepten en impulsrijke initiatieven, het stimuleren van getalenteerde kunstenaars en schrijvers, het verwerven en behouden van kunstwerken van groot belang, alsmede nationale en internationale culturele uitwisseling. Al sinds jaren besteedt de Kunststiftung NRW bijzondere aandacht aan de kunst van het vertalen.
Op deze wijze moedigt de Kunststiftung NRW kunstenaars aan om nieuwe en onverwachte dingen te ondernemen en maakt ze projecten van hoogstaande kwaliteit mogelijk binnen de beeldende kunsten, de performing arts, de muziek en de literatuur. In het kader van de ondersteuning en promotie van literatuur biedt de Kunststiftung NRW in haar *Schriftenreihe Literatur* (Literatuurreeks) een redactioneel platform voor stilistisch, formeel en esthetisch hoogwaardige projecten die zij zelf initieert.
www.kunststiftung-nrw.de

Nederlands Letterenfonds
Het Nederlands Letterenfonds stimuleert, door middel van beurzen en subsidies aan schrijvers, vertalers, uitgevers en festivals, de kwaliteit en diversiteit in de literatuur en draagt bij aan de verspreiding en promotie van de Nederlands- en Friestalige literatuur in binnen- en buitenland. Het fonds werkt aan een zo rijk en divers mogelijk literair klimaat, met oog voor literair erfgoed en nieuwe ontwikkelingen in de literatuur en het boekenvak. Ook houdt het fonds een database bij van Nederlandse literatuur in vertaling: https://letterenfonds.secure.force.com/vertalingendatabase.
www.letterenfonds.nl

Flanders Literature
Literatuur Vlaanderen helpt Vlaamse literatuur op de wereldkaart te zetten. Onder de naam Flanders Literature maakt ze buitenlandse uitgevers en festivalorganisatoren warm voor Vlaamse literatuur en stimuleert ze Nederlandstalige auteurs en uitgevers om over grenzen te kijken.
Literatuur Vlaanderen biedt financiële steun voor vertalingen van Vlaamse titels en ontmoet uitgevers op internationale boekenvakbeurzen. Ze nodigt enkele keren per jaar ook uitgevers uit de hele wereld uit naar Vlaanderen om onze literatuur en cultuur van binnenuit te leren kennen.
www.flandersliterature.be

» Auf dem Landweg beträgt die Entfernung von Düsseldorf nach Gent und von dort nach Amsterdam jeweils rund 230 Kilometer. Mit dem Trimaran zurückgelegt, verringert sie sich auf einen Katzensprung. « Gregor Dotzauer, Tagesspiegel

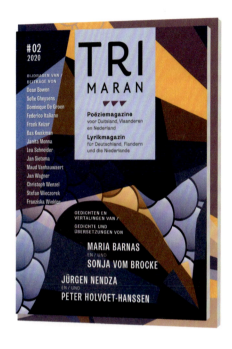

TRIMARAN #01

Dichter*innen / Dichters
Esther Kinsky
Annelie David
Erik Spinoy
Ulrich Koch
ISBN 978-3-940357-76-2 (DE)
ISBN 978-90-5655-248-0 (B/NL)
€ 15

TRIMARAN #02

Dichter*innen / Dichters
Maria Barnas
Sonja vom Brocke
Jürgen Nendza
Peter Holvoet-Hanssen
ISBN 978-3-940357-84-7 (DE)
ISBN 978-90-5655-209-1 (B/NL)
€ 15

Zu beziehen über / Bestellen via:

www.trimaran-mag.eu
www.lilienfeld-verlag.de
www.poeziecentrum.be

'*Over land bedraagt de afstand van Düsseldorf naar Gent en vandaar naar Amsterdam respectievelijk ongeveer 230 kilometer. Bezocht per Trimaran komen zij op een steenworp afstand van elkaar te liggen.*' Gregor Dotzauer, Tagesspiegel

TRIMARAN
Lyrikmagazin für Deutschland,
Flandern und die Niederlande /
Poëziemagazine voor Duitsland,
Vlaanderen en Nederland
#03/2022

Herausgeber / Uitgever:
Kunststiftung NRW
Vorstand
Prof. Dr. Dr. Thomas Sternberg, Präsident
Dr. Andrea Firmenich, Generalsekretärin
Roßstraße 133
40476 Düsseldorf, Deutschland
www.kunststiftung-nrw.de

Nederlands Letterenfonds
Nieuwe Prinsengracht 89
1018 VR Amsterdam, Nederland
www.letterenfonds.nl

Flanders Literature
Generaal van Merlenstraat 30
2600 Berchem, België
www.flandersliterature.be

Kunststiftung NRW

Nederlands letterenfonds

FLANDERS LITERATURE

© 2022 Kunststiftung NRW

Alle Rechte vorbehalten.
Soweit nicht anders angegeben,
liegen die Rechte der Inhalte dieser
Ausgabe bei den Urheberinnen und
Urhebern. /
Alle rechten voorbehouden.
Voor zover niet anders aangegeven,
liggen de rechten van de inhoud van
deze uitgave bij de oorspronkelijke
auteurs en vertalers.

Projektleitung / Projectleiding:
Dagmar Fretter

Koordination / Projectcoördinator:
Oliver Vogt

Redaktion / Redactie:
Christoph Wenzel
Stefan Wieczorek
beratend / adviserend:
Patrick Peeters
Victor Schiferli

Korrektorat / Correctiewerk:
Janssen Peters
Patrick Peeters

Gestaltung und Satz /
Vormgeving en zetwerk:
Anke Berßelis
www.bersselis.de

Druck / Druk:
Druckerei Kettler, Bönen

Erscheint bei / Verschijnt bij:
Lilienfeld Verlag, Düsseldorf
www.lilienfeld-verlag.de

Poëziecentrum Gent
www.poeziecentrum.be

Redaktionsanschrift /
Redactieadres:
Kunststiftung NRW,
Roßstraße 133, 40476 Düsseldorf

Kontakt / Contact:
info@trimaran-mag.eu

Zu beziehen über / Bestellen via:
www.trimaran-mag.eu
www.lilienfeld-verlag.de
www.poeziecentrum.be

ISSN 2567-1987

Lilienfeld Verlag
ISBN 978-3-940357-91-5

Poëziecentrum Gent
ISBN 978-90-5655-280-0

Preis / Prijs:
€ 15,00

Quellen / Bronnen:
Wir danken den Verlagen und den
Autor*innen für die freundliche Abdruck-
genehmigung folgender Texte: /
We danken de uitgeverijen en de auteurs
voor de toestemming tot overname van
volgende teksten:

Paul van Ostaijen: *Huis Stad Ik* (*Bezette stad*, Het Sienjaal 1921);
die Gedichte von / de gedichten van Erik Spinoy (*Koerier van de waarheid*) und / en Maud Vanhauwaert (*Nietsomhanden*) gehören zum Projekt /
horen bij het project *Besmette Stad* (deBuren);
José Oliver: *schwarzmilan* (zus. mit. Mikael Vogel: *zum Bleiben, wie zum Wandern – Hölderlin, theurer Freund*, Schiler & Mücke 2020);
Maud Vanhauwaert: *Wij. hier. nu. ja, Mirage, Wat je van mij ziet, Ontluiken. Drieluikje, Heim, Monument voor de vrouw* (*Het stad in mij*, Das MAG 2020);
Özlem Özgül Dündar: *stecken bleiben, euer klang, blicke schweifen* (*gedanken zerren*, Elif 2018);
Lütfiye Güzel: *Keiner bewegt sich* (*sans trophée*, go-güzel-publishing 2019);
Paul Celan: *Todtnauberg* (*Lichtzwang*, Suhrkamp 1970), Übersetzung von / vertaling door Ton Naaijkens (*Verzameld werk*, Athenaeum 2020);
Stefan Hertmans: *Todtnauberg* und / en *Kaneelvingers* (*Muziek voor de overtocht. Gedichten 1975–2005*, De Bezige Bij 2006);
Sibylla Vričić Hausmann: *meer, feuchteres (2)* (*Drei Falter*, poetenladen 2018);
Yentl van Stokkum: *Wanneer ik eerlijk ben weet ik niet of dit iets te betekenen heeft* (*Ik zeg Emily*, Hollands Diep 2021);
Maxime Garcia Diaz: *mad girl theory, or: audrey wollen never answered my email* (*Het is warm in de hivemind*, De Bezige Bij 2021).

Fotos und Abbildungen /
Foto's en illustraties:
S. / p. 4–7 © Dries Segers,
Pieter-Jan Ardies, Michaël Depestele
S. / p. 14, 15 © Ossip van Duivenbode
für / voor Stichting De Luchtsingel,
Rotterdam
S. / p. 23 © Xaver Römer